무지개 피는 날
―당신도 누군가의 무지개입니다

무지개 피는 날
―당신도 누군가의 무지개입니다

펴낸날	2025년 6월 21일
지은이	송창익
펴낸이	유영일
펴낸곳	올리브나무 출판등록 제2002-000042호
	경기도 고양시 일산동구 정발산로 82번길 10, 705-101
	전화 031-905-8469, 010-7755-2261
	팩스 031-629-6983 E메일 yoyoyi91@naver.com
	대표	이순임

ⓒ 송창익, 2025

ISBN 978-89-91860-47-4 03810
이 책은 저작권법에 따라 보호를 받는 저작물이므로 무단 전재와 복제를 금합니다.
이 책의 전부 또는 일부를 사용하려면 반드시 저작권자의 서면 동의를 받아야 합니다.

값 20,000원

무지개 피는 날

송창익 지음

올리브나무

비가 갠 뒤 하늘에서 피어나는 무지개가
때로는 사람의 마음과 마음 사이에도 피어납니다.

여는 글

마음과 마음을 잇는 '무지개 피는 날'

무지개는 비가 갠 뒤 하늘에서 피지만, 때로는 사람의 마음과 마음 사이에도 피어납니다.

일 년에 한 번, 해마다 7월 7일은 세상 모든 사람들의 가슴마다에 무지개가 피어나는 날입니다. 그날은 국가도, 제도도, 종교도, 사상도 필요하지 않습니다. 그저 사람이 사람을 그리워하고, 사람이 사람을 다시 만나고 싶어 만든 날입니다.

누군가는 오래전 헤어진 가족을 생각하며, 누군가는 멀어진 친구를 떠올리며, 또 누군가는 다시는 오지 않을 사람에게 조용히 말을 걸고 싶은 마음으로 이날을 기다립니다.

우리는 살아가면서 너무 많은 이별과 단절을 겪습니다. 일상 속의 무관심, 바쁜 삶의 리듬 속에서 사랑했던 사람의 얼굴도, 함께 웃던 시간도 점점 희미해집니다. 그러나 마음 한쪽은 언제나 그들을 기억합니다. 다시 보고 싶다는 말, 한 번 더 안아 보고 싶다는 마음을 잊지 않습니다.

'무지개 피는 날'은 바로 그 마음이 모이는 날입니다. 한 사람의 용기로, 한 사람의 기억으로, 그리고 수많은 사람들의 그리움과 회복의 바람으로 시작된 날입니다.

이 책은 그날을 기다리는 사람들의 이야기입니다. 분단의 아픔을 간직한 실향민과 탈북민, 사랑하는 사람과 헤어진 이들, 가족과의 오해 속에서 마음을 닫았던 이들, 종교가 다르고 생각이 달라도 서로를 존중하고 싶은 사람들…

그 모두가 무지개처럼 각기 다른 색을 지녔지만, 함께 있을 때 더 아름답다는 진실을 이날을 통해 깨닫게 됩니다.

무지개는 비 온 뒤에 피어납니다. 마음에도 때로는 눈물이 지나야 다시 만날 용기가 피어납니다.

7월 7일,
하늘이 무지개를 피우는 날이자 사람이 사람을 기억하는 날.
그 하루가 당신에게도 작은 기적의 시작이 되기를 소망합니다.

머리말

해마다 7월 7일은
'다시 연결되는 기쁨'이 무지개로 피어나는 날

우리는 왜, 다시 만나야 할까. 이 질문에서 이 책은 시작됩니다.

세상은 너무나 빠르게 흘러가고 있습니다. 사람들은 하루하루를 살아내느라 너무 바빠서 사랑하는 사람과도 점점 말수가 줄어들어 가고 있고, 소식을 묻고 정을 나누고 싶은 사람과도 차일피일 뒤로 미루기 일쑤여서 '아웃 오브 사이트 아웃 오브 마인드Out of sight, out of mind'의 현실을 아무렇지 않게 살아갑니다. 이어지고 싶은 마음만 안고 살아가고 사람들…, 그래서 '무지개 피는 날'이 필요합니다.

이 책은 그러한 '다시 만남'의 의미를 되짚고 새겨보는 여정입니다. 멀어져 있었던 사랑하는 이와 다시 상봉하는 감격, 헤어졌던 가족과 다시 손을 잡는 순간의 기쁨, 어긋났던 인연이 다시 이어지는 기적, 나이와 국경을 넘어 새로운 만남이 이루어지는 풍경…. 그 모든 이야기를 통해 "만남은 회복의 시작"임을 말하고자 합니다.

1914년 제1차 세계대전이 한창이던 어느 겨울밤, 서부전선에서 마주한 독일군과 영국군은 크리스마스이브에 총을 내려놓고, 서로가 부른 캐롤에 화답하며 노래를 나누었습니다. 총 대신 손을 맞잡고, 참호를 벗어나 축구를 함께한 그날, 그들은 서로의 이름을 물으면서 가족의 사진을 꺼내 보이며 웃었습니다. 그날 밤은 짧았지만, 전쟁 속에서도 인간은 다시 연결될 수 있음을 보여주었습니다.

'무지개 피는 날'은 바로 그날의 정신을 오늘 우리 삶에 다시 불러오고자 합니다. 이해하고, 용서하고, 연결되기를 바라는 날, 그것이 '무지개 피는 날'입니다.

이 책은 고향을 떠난 사람들의 이야기로 더욱 깊어집니다.

전쟁과 분단으로 가족을 잃은 실향민, 북한에서 남한으로 삶을 옮겨온 탈북민, 그리고 낯선 땅에서 다시 뿌리를 내리려 애쓰는 다문화 가족…. 그들이 겪은 고단한 시작, 이해받고 싶은 외로움, 그리고 조심스레 서로에게 다가가며 피워낸 무지개 같은 인연들이 이 책 속에 담겨 있습니다.

분단의 역사는 하나였던 민족을 갈라놓았지만, 이 책은 그 단절의 시간 속에서도 같은 하늘을 바라보며 살아온 사람들의 그리움을 다시 이어주고자 합니다.

이 책은 만남이 불가능할 것 같았던 관계들이 다시 이어지는 순간들도 전하고자 합니다. 잊었던 이름을 다시 불러보고, 한때 사랑했던 이들이 마주 보며 조용한 인사를 나누고, 각자 자신의 삶의 현장을 향해 떠나는 이의 자리에서는 새로운 희망의 무지개가 피어납니다.

비가 온 뒤에야 무지개가 피어나듯, 이 책은 상처 위에 피어난 따뜻한 이야기들을 통해 '다시 연결되는 마음의 기적'을 전하고자 합니다.

'무지개 피는 날'은 가장 가까운 관계인 '가족'에게로 다시 돌아가는 날입니다. 멀어진 형제자매, 오해 속에서 불편한 침묵을 이어온 부부, 사진 한 장 함께 찍지 못했던 부모와 자식… '무지개 피는 날'은 가족이라는 이름으로 다시 한자리에 모여 사랑의 유대를 다시 회복하는 날입니다.

'무지개 피는 날'에는 믿음이 다른 이들도 함께할 수 있습니다. 종교는 갈등을 낳기도 하지만, 어떤 종교이든 진정한 신앙의 자리는 '사람을 품는 사랑' 속에 그 본질이 있습니다. '무지개 피는 날'은 교회, 사찰, 성당, 모스크가 서로를 존중하며 마주 앉는 날입니다.

서로 다른 기도 안에서도 같은 마음을 발견할 수 있는 날, 다름 안에서 조화를 배우는 날, 이 책에서는 그런 장면이 그려집니다.

정치는 회복될 수 있을까요? 이 책은 정치가 국민을 바라보는 마음으로 다시 돌아오기를 소망합니다. 이념보다 사람을 먼저 생각하고, 국민 앞에 같은 마음으로 서는 정치인을 통해 분열을 넘는 무지개를 그리고자 합니다.

1944년, 히틀러는 '파리를 불태우라'는 명령을 내렸습니다. 하지만 독일군 콜티츠 장군은 이를 거부하고, 파리의 문화유산을 지켜냈습니다. 그는 "나는 장군이기 전에 인간"이라 말했습니다. 그는 적국의 도시를 불태우는 대신, 인류애를 선택했습니다. 이 책이 말하고자 하는 정치의 모습도 그러합니다.

'무지개 피는 날', 정치도 국민을 위한 용서와 책임으로 거듭나기를 바랍니다.

상상의 날개를 펼쳐 봅시다. 셰익스피어의 『로미오와 줄리엣』에서, 만약 두 가문이 아이들의 사랑을 받아들였다면 어찌 되었을까요? 두 청춘 남녀는 죽지 않고 살아서 두 가문을 이어주는 진짜 무지개가 되지 않았을까요? 그런 상상을 현실로 만드는 날, 그날이 바로 '무지개 피는 날'입니다.

'무지개 피는 날'은 대한민국을 넘어 지구촌 모두가 함께 기억하는 날이 될 것입니다.

언어는 달라도 만남의 기쁨은 같고, 문화는 달라도 평화를 바라는 마음은 하나입니다. 분쟁의 땅에도 무지개가 피어나기를, 우리가 서로에게 무지개가 되어주기를, 그리고 언젠가는 인류가 함께 이날을 기념하기를 바라는 미래의 약속이 이 책에는 담겨 있습니다.

이 책은 선언이 아닙니다. 이 책은 사람을 향한 초대입니다. 따뜻한 마음을 잃지 않은 사람들, 누군가와 다시 만나고 싶은 사람들, 그리고 세상이 여전히 따뜻하다고 믿고 싶은 사람들을 위한 공동의 기억을 일깨우고자 이 책은 태어났습니다.

7월 7일, '무지개 피는 날'. 당신도 누군가의 무지개가 되어주실 수 있습니다. 그리고 누군가도, 당신의 마음에 무지개를 걸어줄 수 있을 것입니다.

2025년 7월
'무지개 피는 날' 1주년을 맞이하며

송창익

차례

여는 글 • 006
머리말 • 009

제1장 사람과 사람 사이 '무지개 피는 날'

'무지개 피는 날'이 필요한 이유 • 020
사랑은 멀리 있어도 이어진다 • 025
가족이 다시 손을 잡는 날 • 029
어긋난 인연이 이어지는 기적 • 032
한 사람을 위한 무지개의 기도 • 036
나이도 국경도 넘어선 만남 • 038

제2장 낯선 땅에서 피어나는 무지개

고향은 멀어도 마음은 곁에 • 044
낯선 곳에서의 시작 • 047
이해받고 싶은 마음 • 050
탈북민이 서로를 만나는 날 • 053
편견의 벽을 넘다 • 055
무지개는 경계 위에 피어난다 • 059

제3장 그리움은 국경을 넘고, 마음은 무지개로 이어진다

이산의 비극, 남겨진 이름들 • 064
남과 북, 하나였던 우리는 왜 갈라졌나 • 067
남쪽 하늘 아래, 북녘을 바라보는 이들 • 070
같은 민족, 다른 삶을 살아온 사람들 • 075
통일보다 먼저, 마음이 이어져야 한다 • 077
하늘 아래, 같은 무지개를 바라보며 • 080

제4장 잊혀진 인연이 다시 연결되는 날
잊고 있던 이름 • 086
멈췄던 시간, 관계를 회복하는 날 • 088
이어지는 손길, 마음을 잇는 시작 • 090
용서로 이어지는 만남 • 093
인사로 시작되는 작은 기적 • 096
무지개 아래, 함께 웃는 순간 • 098

제5장 멀어진 인연, 다시 이어지는 시간
그리움이 만남이 되는 용기 있는 하루 • 104
멀어졌던 사랑, 마음으로 이어지는 날 • 107
떠난 사람을 향한 인사 • 109
사랑은 부활을 기념하는 날 • 113
마음이 닿는 순간, 연결은 시작된다 • 117

제6장 가족은 다시 만나야 합니다
가족은 가장 가까운 기적 • 122
서로의 이름을 부르는 날 • 124
오해를 풀고 식탁에 마주 앉는 날 • 127
찰나의 순간에 피어나는 가족사진 • 130
부재를 품은 자리, 여전히 가족인 이유 • 133
가족, 마음이 닿는 가장 깊은 항구 • 135

차례

제7장 믿음이 다른 이들과 마주 앉는 날
- 서로 다른 신앙을 가진 사람들과 함께 앉는 날 • 140
- 사람을 기억하는 날, 교황의 삶으로 말하다 • 143
- 경계에서 피어나는 존중의 기도 • 145
- 종교인이 먼저 손을 내미는 순간 • 148
- 말보다 깊은 울림, 고요히 피어나는 기도의 순간 • 151
- 경전 너머에서 피어나는 사랑 • 154
- 함께 기도했던 그날, 현실이 된 무지개의 장면 • 160

제8장 여야 없이 손을 맞잡는 날
- 정치는 사람을 향해야 한다 • 166
- 대립의 언어를 내려놓는 날 • 168
- 정치, 다름을 품어 하나됨으로 가는 길 • 170
- 국민 앞에 같은 마음으로 서는 날 • 175
- 분열의 끝에서 피어난 무지개 • 178
- 상처 위에 핀 연대의 빛, 무지개의 이름으로 • 181
- 국민의 얼굴을 닮은 정치, 그날 다시 피어난다 • 184

제9장 무지개는 국경을 넘어 피어납니다

대한민국에서 시작된 작은 날 • 190
지구촌 모두가 기억하는 7월 7일 • 195
언어는 달라도 만남의 기쁨은 같다 • 198
분쟁의 땅에도 피어나는 무지개 • 202
우리는 모두, 서로의 무지개다 • 204
인류가 함께 기억하는 날로 • 207

- 맺는 글 • 210

부록 | 제1회 '무지개 피는 날' 제정 선포식

서문 • 214
'무지개 피는 날' 제정 의의 • 216
행사 진행 프로그램 • 220
'무지개 피는 날' 대국민 메시지 • 221
'무지개 피는 날' 선포식 이모저모 • 231
'무지개 피는 날' 제정에 함께해 주신 분들 • 237
부록을 마치며 | "무지개는 계속 피어납니다." • 244

'무지개 피는 날'은 기억 너머의 사랑을 다시
불러내는 날이다. 이날을 통해, 우리는 자신에게
가장 소중한 사람을 다시 떠올리고, 그 마음을
한 줄기 빛처럼 다시 연결할 수 있다.

제1장

사람과 사람 사이
'무지개 피는 날'

'무지개 피는 날'이 필요한 이유

지금 우리가 살아가는 시대는 그 어느 때보다도 서로에게 연결되어있는 것처럼 보인다. 휴대폰 하나면 지구 반대편 사람과도 실시간으로 소통할 수 있고, 수많은 플랫폼을 통해 언제든지 누군가와 연결될 수 있는 세상에 살고 있다. 그러나 아이러니하게도, 그 어느 때보다도 많은 이들이 외롭다고 말한다. 가장 가까운 사람과의 대화는 줄어들고, 친구보다는 팔로워 수에 집중하며, 집집마다 식탁 위에는 침묵이 놓여 있다.

우리는 기술적으로는 연결되었지만, 정서적으로는 단절되어 있다. '소통의 시대'라 불리는 지금, 정작 진심 어린 인사 한 마디조차 나누지 못하고 살아가는 사람이 많아지고 있기 때문이다. 말을 건네기보다 피하고, 눈을 맞추기보다 피곤하다는 핑계로 무심히 지나친다. 그 사이, 마음의 거리는 멀어졌고, 관계는 소원해졌으며, 사회 전체가 '무관심'이라는 병을 앓고 있다.

이런 시대에 우리는 '무지개 피는 날'이라는 특별한 기념일을 지난해 7월 7일 국회 의원회관에서 제정하고 선포식을 가졌다. 이날은 단지 기념일 행사가 아니다. 말하지 못했던 마음을 전하고, 잊고 지냈던 사람과의 관계를 떠올리며, 이해하지 못했던 상대의 입장에 서보는 '하루'이다. 한 번의 전화, 한마디의 인사, 한 송이 꽃처럼 작고 사소한 표현이 다시 사람과 사람 사이를 잇고, 공동체를 회복시키는 출발점이 될 수 있다는 믿음에서 비롯되었다.

왜 우리는 이날을 시작했는가? 사람과 사람 사이의 연결고리가 너무나 많이 끊어졌기 때문이다. 정치는 이념으로 갈라져 있고, 세대는 서로를 이해하지 못한 채 단절된 상태이며, 지역 간, 계층 간, 문화 간 간극은 점점 더 깊어지고 있다. 다름은 더 이상 다양성이 아닌, 혐오와 배제의 이유가 되었다. 우리는 이 질문을 던질 수밖에 없었다. "과연 지금 우리는 같은 사회 속에서 함께 살아가고 있는가?"

우리는 믿을 수 없지만 실제 있었던 역사적 사실을 기억한다. 1914년 크리스마스 이브, 제1차 세계대전 중 독일군과 영국

인터넷과 SNS를 통해 빛의 속도로 사람, 사물, 공간 등이 서로 연결되어 상호작용하는 초연결 사회, 그럼에도 불구하고 사람들은 외롭다고 하소연한다. 가장 가까운 사람들과의 대화는 줄어들었고, 친구보다는 필로워 수에 집중하며, 집집마다 식탁 위에는 침묵이 놓여 있다.

군이 서로를 향해 총을 겨누던 참호에서 누군가가 캐롤을 부르기 시작했다. 그리고 기적처럼 총소리가 잠시 멈췄다. 병사들은 참호 밖으로 나와 악수를 하고, 음식을 나누며, 심지어 함께 어울려 축구를 했다. 그날, 서로를 적으로 알던 사람들이 같은 인간으로 다시 만났다.

'무지개 피는 날'이 전하고자 하는 것도 바로 그런 가능성이다. 사람은 다시 만날 수 있다. 화해할 수 있다. 그리고 함께 할 수 있다. 무지개는 한 가지 색으로 피어나지 않는다. 붉은색 하나만으로, 푸른색 하나만으로 무지개는 만들어지지 않는다. 서로 다른 일곱 빛깔이 각자의 고유함을 유지하면서 어우러질 때 비로소 무지개는 피어난다. 우리 사회도 그렇다.

다름을 인정하고 존중할 때, 그 위에 공감이 쌓일 때, 비로소 사회라는 무지개가 피어난다. 특히 우리는 코로나19 팬데믹을 지나며 물리적 거리와 함께 심리적 거리도 더 벌어졌음을 체감했다. 가려진 얼굴만큼, 표현되지 못한 감정도 많아졌다. 고립, 우울, 피로, 단절⋯ 하지만 인간은 본래 함께 살아야 삶의 의미를 찾는 존재다. 아무리 기술이 발전해도, 인간은 결국 '사람'과의 관계 속에서라야 살아 있다고 할 수 있다.

'무지개 피는 날'은 일년에 단 하루라도 그동안 잊고 지낸 사람을 떠올리고, 연락해 보고, 오해했던 이를 향해 먼저 인사를 건네며, 무관심하고 멀어져 있었던 이의 입장을 이해해 보자는 '만남의 날'이다. 작고 사소한 행동 같지만 이러한 따뜻한 움직임이 모여 우리는 다시 공동체를 회복할 수 있다. 이날은 탈북민, 다문화 가정, 장애인, 노인, 청년, 한부모 가정 등 사회적 소수자들을 돌아보는 날이기도 하다. 소외된 사람들이 '나도 누군가에게 소중한 존재'임을 느낄 수 있도록, 이날은 '함께'라는 가치를 실천하는 날이 되어야 한다.

우리는 지금 다시 만나야 한다. 무지개는 저절로 피지 않는다. 우리가 각자의 자리에서 서로를 향해 한 걸음 내딛을 때, 그때 비로소 무지개는 하늘에 뜬다. '무지개 피는 날'은 이제 막 첫발을 내디뎠다. 그리고 그 첫발은, 당신의 걸음으로 완성된다. 당신도 누군가의 무지개가 되어줄 수 있다. 이날이 단지 하루의 행사가 아니라, 우리의 일상 속에서도 다시 만남을 선택하는 날이 될 수 있도록, 우리는 이날의 의미를 함께 나누고자 한다.

사랑은 멀리 있어도 이어진다

사람이 사람을 그리워할 때, 우리는 비로소 사랑의 진심을

'무지개 피는 날'은 멀어진 사랑을 다시 잇는 날이다. 직접 만나지 못해도, 마음이 닿는 방식으로 다시 이어질 가능성을 열어두는 날이다.

느낀다. 사랑은 늘 곁에 있는 사람에게만 느껴지는 감정이 아니다. 오히려 멀리 떨어져 있는 존재를 그리워할 때, 우리는 그 감정의 깊이를 실감한다. '무지개 피는 날'은 그런 멀어진 사랑을 다시 잇는 날이기도 하다. 직접 만나지 못해도, 마음이 닿는 방식으로 다시 이어질 가능성을 열어두는 날이다.

우리는 살아가며 어쩔 수 없이 많은 이들과 멀어지게 된다. 그것이 물리적 거리든, 시간의 틈이든, 혹은 오해나 다툼 같은 감정의 틈이든, 결국 사랑했던 사람과 멀어졌다는 사실은 마음속에 적지 않은 그늘을 남긴다. 하지만 그 그늘을 없애는 방법은 단순하다. 다시 그 사람을 떠올리고, 작은 인사를 건네는 것. '무지개 피는 날'은 그 행동을 권유하는 날이다. "한 번쯤은 연락해 보세요. 아무 일 없었던 것처럼 안부를 물어 보세요."

이날은 특별히 물리적으로 멀어진 이들을 위한 상징적인 의미도 지닌다. 고국을 떠나 멀리 해외에 떨어져 살아가는 가족, 고향을 떠나온 사람들, 병원이나 요양 시설에 머물러 있는 부모님, 현실적인 사정으로 함께하지 못하는 연인이나 친구들. 그들에게 '무지개 피는 날'은 비록 얼굴을 보지는 못하더라도, 그리움과 사랑을 다시 표현할 좋은 기회다. '당신을 기억하고 있습니다."라는 마음만으로도 누군가의 외로움을 덜 수 있다.

현대인의 생활은 어쩔 수 없이 분산되어 있다. 우리는 교육, 일자리, 건강 등 다양한 이유로 고향을 떠나고, 부모와 자녀가 각자 다른 도시, 다른 나라에서 살아가는 것을 당연하게 받아들이게 되었다. 하지만 그 '당연함' 속에서 관계는 점점 옅어지고, 어느 순간엔 서로의 안부조차 기억하지 못하는 사이가 되기도 한다. '무지개 피는 날'은 그 사이를 이어주는 작은 가교가 된다.

사랑은 상대방에게 드러내야 완성된다. 생각만으로는 닿지 않는다. 그렇기에 '무지개 피는 날'은 사랑을 표현하는 날이기도 하다. 메시지를 보내고, 음성을 남기고, 때로는 직접 찾아가 웃으며 인사하는 행동은, 우리가 여전히 서로를 사랑하고 있다는 증표가 되어준다. 이날은 모든 사랑의 관계를 다시 점검하는 날로 의미를 둘 수 있다. 부모에게, 자녀에게, 형제자매에게, 친구에게, 떠나간 사람에게, 남아 있는 이에게. 누구에게든 사랑을 다시 이을 수 있다.

이날은 단절된 사랑을 위한 위로의 시간이 되기도 한다. 연락이 끊어졌던 가족, 다툼 후 멀어진 친구, 사정상 떠나보낼 수밖에 없었던 연인…. 모든 이들이 그리움 하나쯤은 가슴에 품고 살아간다. '무지개 피는 날'은 그 그리움을 다시 마주하는 날이기도 하다. 용서를 구하지 않아도 좋고, 눈물을 흘리지 않아도 좋다. 단지 다시 한번, '그 사람'을 마음속에서 꺼내 보는 것으로도 충분하다.

사랑은 멀어지지 않는다. 우리가 가끔 그것을 잊고 지낼 뿐이다. '무지개 피는 날'은 기억 너머의 사랑을 다시 불러내는 날이다. 이날을 통해, 우리는 자신에게 가장 소중한 사람을 다시 떠올리고, 그 마음을 한 줄기 빛처럼 다시 연결할 수 있다. 멀리 있어도, 그 사랑은 이어진다. 그것이 무지개의 방식이고, 그것이 이날의 진짜 의미다.

가족이 다시 손을 잡는 날

가족은 가장 가까운 존재이지만, 때로는 가장 먼 사이가 되기도 한다. 같은 집에서 살아가고, 같은 식탁에서 밥을 먹고, 같은 기억을 공유하고 있지만, 마음이 서로 닿지 않은 채 살아가는 가족이 얼마나 많은가. 한 가족이어도 익숙해진 거리감, 반복되는 갈등, 침묵의 시간 속에서 우리는 종종 '사랑하는 법'을 잊는다. '무지개 피는 날'은 그 멀어진 손을 다시 맞잡는 날이다.

현대의 가족은 과거보다 더 다양하고 복잡해졌다. 핵가족,

한부모 가정, 재혼 가정, 다문화 가정 등 다양한 형태의 가족들이 존재하지만, 그 안에서 겪는 관계의 어려움은 줄어들지 않았다. 부모와 자녀 사이의 세대 차이, 형제자매 간의 경쟁, 고부 갈등, 이혼과 재혼으로 인한 거리감, 외롭게 살아가는 노부모의 현실까지. 현대 사회의 많은 가족들이 '함께하면서도 함께하지 못하는' 현실 속에 살아가고 있다.

'무지개 피는 날'은 그 멀어진 마음을 잇는 기회를 준다. 오랜 시간 말없이 지내온 형제자매에게, 늘 고생만 하시던 부모님께, 소원했던 자녀에게, 바쁜 일상 속에서 서로를 잊고 살아온 부부에게. '무지개 피는 날'은 "우리 다시 이야기해 볼까?", "그동안 미안했어.", "보고 싶었어."라는 짧은 말 한마디를 건넬 수 있는 용기를 내는 날이다. 무지개는 비가 그친 하늘에 떠오르지만, 무지갯빛은 가족이라는 가장 깊은 뿌리에서부터도 시작될 수 있다.

어떤 이들은 이렇게 말한다. "가족이니까 괜찮겠지.", "가족이니까 이해해 줄 거야." 하지만 가족이기에 더 조심해야 하고, 가족이기에 더 자주 표현해야 한다. 아무리 가깝고 소중한 관계라도, 말하지 않으면 마음은 점점 멀어지고, 표현하지 않으면 사랑은 가슴속에 묻혀버린다. '무지개 피는 날'은 그 사랑을 꺼내어 다시 보여주고, 다시 전하는 날이다.

'무지개 피는 날'은 가족 관계를 회복하는 데 있어 특별한 의미를 갖는다. 굳이 비싼 선물이 없어도, 멋진 말을 준비하지 않아도 괜찮다. 함께 밥을 먹고, 사진 한 장을 찍고, 추억을 이야기하며 웃을 수 있다면, 그것만으로도 충분하다. '무지개 피는 날'은 가족이라는 이름의 무게를 다시 사랑으로 가볍게 만들어주는 날이다.

가족 간의 갈등은 때로 깊고 오래된 상처를 남기기도 한다. 말 한마디로 멀어진 사이, 오랜 침묵이 이어진 관계, 서로 다른 가치관으로 인해 단절된 가족…. 하지만 '무지개 피는 날'은 그 단절의 틈에 조심스레 다가가는 첫 발걸음을 가능하게 해준다. "얼굴 한번 보자.", "밥 한 끼 같이 먹자.", "예전처럼 사진 한 장 찍자." 그렇게 '무지개 피는 날'은 가족 간에 작은 기적을 만들어낼 수 있다.

사랑은 멀리 있지 않다. 가장 가까운 곳에 있지만, 가장 표현하기 어려운 대상이 바로 '가족'이다. '무지개 피는 날'은 가족이라는 존재가 단순한 사회적 단위가 아니라, 삶의 근본이며 정서적 기반임을 일깨워준다. 그날만큼은 누구보다 먼저 가족을 떠올리고, 그들의 이름을 불러보자. 그 순간, 무지개가 다시 피어날 것이다.

어긋난 인연이 이어지는 기적

사람과 사람 사이의 관계는 생각보다 쉽게 멀어진다. 한 번의 오해, 잦은 실망, 때로는 이유 없이 생겨난 거리감 때문에 오랜 인연을 소리 없이 끊어 놓는다. 그렇게 멀어진 마음은 완전히 끝난 것처럼 느껴지지만, 잠시 멈춰 서 있을 뿐이다. '무지개 피는 날'은 바로 그 멈춘 시간을 움직이게 하는 따뜻한 순간이다.

우리는 살아가며 수많은 관계를 경험한다. 유년 시절의 친구, 학교에서 만난 선생님, 첫 직장에서 웃음을 나눴던 동료, 골목 어귀에서 마주치던 이웃, 한때 깊은 마음을 나눴던 사람들…. 각자 가슴 한편에 있었지만 어느 순간 멀어졌고, 그 작별이 영원처럼 느껴지기도 했던 사이. 그러나 그 인연은 여전히 가슴속에 살아 숨쉬고 있다. 꺼내지 못했던 건, 아마 작은 용기 하나가 부족했기 때문일 것이다. '무지개 피는 날'은 그 용기를 꺼내 보는 날이다.

"오랜만이야. 잘 지냈어?"라는 평범한 인사가 때로는 인생의 방향을 바꾸는 문이 된다. 한 마디의 진심이 얼어 있던 마음을 녹이고, 멈췄던 대화를 시작하게 하며, 시간이 다시 흐르게 한다. '무지개 피는 날'은 그런 인사가 어색하지 않은 날이다.

긴 침묵이 부담스럽지 않고, 작은 안부 인사가 큰 감동이 되는 특별한 하루다.

누군가는 이날을 핑계 삼아 친구에게 메시지를 보낼 수 있고, 누군가는 오래된 동료에게 전화를 걸어 조심스럽게 안부를 물을 수 있다. 그동안 서운했던 누군가에게 마음이 담긴 선물을 건네는 일도 가능하다. 이 모든 행동은 단순한 행위를 넘어 마음의 회복을 의미한다. 왜 멀어졌는지를 따지는 대신, 어떻게 가까워질 수 있을지를 고민하는 하루. 그것이 바로 이날이 가진 진짜 의미다.

인연이라는 이름 아래에는 언제나 상처와 용서가 함께 한다. 멀어진 관계의 이면엔 종종 말하지 못한 아픔이 있고, 그 아픔을 치유하는 첫걸음은 마음을 열어 보이는 용기다. '무지개 피는 날'은 그 용기를 낼 수 있는 날이며, 미처 전하지 못했던 사과나 용서를 담아낼 수 있는 시간이다. 그리고 그 용기는 어떤 이의 삶을 바꾸는 기적이 되기도 한다. 세월이 흐르면 기억은 희미해지고, 인연도 희미해지기 마련이다. 희미해지지만 사라지는 건 아니다.

한때 우리의 하루를 채웠던 사람들이 다시 삶의 무대에 등장할 수 있다면, 그것은 그 자체로 축복이다. '무지개 피는 날'

마음의 기도는 말로 하지 않아도 전해진다. 눈을 감고, 가만히 그 사람의 얼굴을 떠올리며 '잘 지내고 있기를' 바라는 마음—그것만으로도 무지개는 피어난다. '무지개 피는 날'은 종교를 초월한 기도의 날이기도 하다. 신앙을 가진 사람에게는 하나님이나 부처님, 혹은 다른 이름으로 불리는 존재에게 마음을 전할 수도 있고, 신앙이 없더라도 '그 사람을 위한 조용한 기도'는 누구나 드릴 수 있다. 이 날은 그런 기도가 허락되는 날이다.

은 바로 그 축복을 향해 마음을 여는 문이다. 오랜 얼굴을 마주하고, 엇갈렸던 감정을 어루만지는 날. 그 만남을 통해 우리는 더욱 깊어진 사람이 되어간다. 기적은 거창하지 않다. 그것은 문득 마음이 움직이는 그 찰나에 존재한다. 하늘에 피어나는 무지개처럼, 우리의 인연도 적당한 타이밍과 따뜻한 마음이 모이면 언제든 되살아날 수 있다. 그 아름다운 순간을 함께 나누는 날, 우리는 누군가에게 기적이 된다.

한 사람을 위한 무지개의 기도

세상은 거창한 변화보다 한 사람의 마음으로부터 시작되는 변화가 더 오래간다. '무지개 피는 날'은 그렇게 한 사람을 떠올리며 시작된다. 모두를 위한 날이지만, 동시에 '단 한 사람'을 위해 이날을 기억하는 마음이 그 무엇보다 강력한 힘을 가진다. 그 사람은 오랜만에 안부를 물어야 할 친구일 수도 있고, 잊지 못하는 가족일 수도 있으며, 여전히 마음에 남아 있는 이름일 수도 있다. '무지개 피는 날'은 그 한 사람을 위해 조용히 기도하는 시간이다.

우리는 살아가면서 크고 작은 만남을 경험한다. 그중엔 평생을 함께하지 않아도, 한순간의 만남만으로도 우리 마음에 깊은 흔적을 남기는 사람이 있다. 어쩌면 말 한다디 제대로 나누지 못했지만, 어느 날 불쑥 생각나는 사람, 그 사람이 곧 '무지개 피는 날'의 중심이 된다. 이날은 그런 사람에게 마음속으로 인사를 건네고, 잊지 않았다는 기도를 올리는 날이다.

마음의 기도는 말로 하지 않아도 전해진다. 눈을 감고, 가만히 그 사람의 얼굴을 떠올리며 '잘 지내고 있기를' 바라는 마음—그것만으로도 무지개는 피어난다. '무지가 피는 날'은 종교를 초월한 기도의 날이기도 하다. 신앙을 가진 사람에게는 하나님이나 부처님, 혹은 다른 이름으로 불리는 존재에게 마음을 전할 수도 있고, 신앙이 없더라도 '그 사람을 위한 조용한 기도'는 누구나 드릴 수 있다. 이날은 그런 기도가 허락되는 날이다.

사회가 빠르게 변화하는 지금, 우리는 누군가를 떠올릴 시간조차 빼앗기고 산다. 모든 것이 속도전으로 결정되고, 감정보다 이성과 논리가 우선시되는 세상에서, 한 사람의 이름을 조용히 품고 살아간다는 일은 쉬운 일이 아니다. 그러나 '무지개 피는 날'은 그 빠른 세상을 잠시 멈추고, 단 한 사람의 얼굴을 떠올리는 하루를 가능하게 만든다. "그 사람, 지금 어디서 어떻게 살고 있을까?" 그렇게 시작된 질문은 어느새 우리의 기도가 된다.

무지개는 하늘에 떠오르지만, 그 빛은 마음속에서 먼저 피어난다. 한 사람을 위한 기도는 그 자체로 무지개의 첫 빛이다. 우리가 진심을 담아 그 사람을 기억하고, 다시 만날 수 있기를 소망하고, 혹은 잘 살아가기를 응원하는 순간, 우리는 이미 그 사람의 삶에 작은 희망을 건넨 셈이다. 이날은 누구에게도 들키지 않아 괜찮다. 혼자만의 공간에서 조용히 무지개를 피워올리는 날, 그 아름다움은 세상 어떤 축제보다 화려하다.

'무지개 피는 날'이 모든 사람을 위한 날이라면, 그 시작은 단 한 사람에서부터 이루어진다. 그 사람을 위한 기도, 그 사람을 향한 그리움, 그 사람을 향한 축복. 그 마음이 모이고 또 모여 세상을 향한 무지개가 된다. 그러니 이날, 당신도 한 사람을 떠올려보자. 그 사람이 누구든, 당신의 마음속에 남아 있는 그 이름이, 무지개가 시작되는 첫 번째 점이 될 수 있다. 그렇게 우리는 다시 연결된다. 그리고 그렇게 세상은 더 따뜻해진다.

나이도 국경도 넘어선 만남

사람 사이의 만남에는 경계가 존재한다. 나이, 지역, 출신, 국적, 언어, 종교, 성별, 신념. 그 수 많은 경계들로 인해 때로 서로를 이해하지 못하게 만들고, 가까워지지 못하게 막는다.

우리는 종종 '우리'와 '그들'을 나누고, '같은 편'과 '다른 편'을 구분하면서 살아간다. 그러나 진정한 만남은 그런 경계를 넘어설 때 가능하다. '무지개 피는 날'은 그 모든 경계를 허물고 서로를 있는 그대로 바라보는 날이다.

이날은 세대 간의 차이를 좁히는 날이기도 하다. 청년은 노인을 이해하고, 노인은 청년의 고민을 들을 수 있다. 부모는 자녀의 말에 귀 기울이고, 자녀는 부모의 생애를 공감할 수 있다. 살아가는 속도와 방식이 다를지라도, 그 다름이 서로를 갈라놓을 필요는 없다. 오히려 그 차이 속에서 배울 수 있다면, 우리는 더 깊이 연결될 수 있다. '무지개 피는 날'은 그렇게 서로를 이해하려는 하루가 된다. 국적과 문화의 차이 또한 극복할 수 있다. 다문화 가정, 이주민, 외국인 노동자, 국제결혼을 한 부부와 그 자녀들—그들은 분명 이 땅에 함께 살아가고 있는 이웃이지만, 여전히 많은 편견과 차별 속에서 외로움을 겪고 있다. '무지개 피는 날'은 그들에게 말한다. "당신도 우리와 같은 사람입니다." 이날은 언어가 통하지 않아도, 문화가 달라도 함께 웃을 수 있는 날이다. 나아가, 이날은 '함께 살아가는 공동체'의 의미를 되돌아보게 한다.

또한 장애와 비장애, 성소수자와 다수자, 소수 민족과 주류 사회 등 다양한 경계에서 상처받은 이들에게도 '무지개 피는 날'은 위로의 의미를 갖는다. 이날은 차이를 드러내기 위한 날이 아니라, 차이를 품기 위한 날이다. "나는 당신과 다르지만, 그렇기에 당신을 더 알고 싶습니다." 그렇게 서로에게 다가갈 수 있는 날이 바로 이 날이다. 경계는 두려움에서 생기고, 이해는 용기에서 시작된다. '무지개 피는 날'은 그 용기의 날이다.

무지개는 하늘 위의 경계를 넘는다. 어떤 하늘에서는 붉고, 어떤 하늘에서는 연하고, 어떤 곳에서는 흐릿하지만, 그 어느 것도 무지개의 정체성을 훼손하지 않는다. 오히려 그런 다양성이 무지개를 더 찬란하게 만든다. 우리 사회도 그렇다. 나이, 국적, 문화, 가치관의 다름은 우리를 더 복잡하게 만들지만, 동시에 더 풍성하게 만들어준다. '무지개 피는 날'은 그런 다름을 환영하고, 그 다름을 통해 하나가 되는 법을 배워가는 날이다.

'무지개 피는 날'이 매년 이어지고, 더 많은 사람들이 참여하게 된다면 우리는 어느 순간, 경계를 인식하지 않게 될지도 모른다. '고령자', '외국인', '다른 종교', '다른 생각'이라는 말보다 먼저 '사람'이라는 단어를 떠올릴 수 있다면, 그것이 '무지개 피는 날'이 우리에게 남긴 진짜 선물이다. 우리는 모두 다르다. 그리고 그 다름을 함께 나눌 때, 우리는 비로소 하나가 된다. '무지개 피는 날'은 그 하나 됨의 축제이다. 이날 하루만큼은 모든 차이를 잊고, 한 사람 한 사람이 서로의 다름을 이해하고 존중하는 법을 배우는 날이다. 그렇게 이날은 누군가에게 평생 기억될 따뜻한 만남의 시작이 되고, 또 다른 누군가에게는 세상이 생각보다 따뜻하다는 위안이 된다. 나이도 국경도 넘어선 만남, 그 한 걸음이 우리가 '무지개 피는 날'을 기억해야 하는 가장 큰 이유이다.

고향은 어떤 장소만이 아니다. 그것은 누군가의
따뜻한 품, 정겨운 밥상, 매일 걷던 작은 골목일
수 있다. '무지개 피는 날'은 그런 고향을 다시
가슴속에 떠올리고, 서로의 기억을 꺼내어
나누는 날이다.

제2장

낯선 땅에서
피어나는 무지개

고향은 멀어도 마음은 곁에

고향을 등진다는 건 단순한 거리의 이동이 아니다. 그것은 삶의 궤도를 바꾸는 결정이자, 익숙한 것들과의 작별이다. 우리는 저마다의 이유로 고향을 떠났다. 더 나은 내일을 꿈꾸며, 생존을 위해, 자유를 갈망하며. 그 떠남의 뒤에는 말 못 할 아쉬움과 깊은 그리움이 겹겹이 쌓여 있다. 그리고 '무지개 피는 날'은 바로 그 마음을 따뜻하게 안아주는 날이다.

지난 2024년 7월 7일, 무지개 날을 함께 했던 사람들의 이야기를 들어보자. 서울의 한 공장에서 일하는 몽골 출신 이주노동자 도르지 씨는 7월 7일, 고향 울란바토르에 있는 어머니에게 손편지를 보냈다.

"어머니, 한국에서 잘 지내고 있어요. 한국 친구들이 '무지개 피는 날'에 서로 고향을 생각하며 안부를 전한다고 해서, 저도 이렇게 어머니를 생각하며 글을 씁니다."

그 편지를 받은 어머니는 마당 한가운데에서 손편지를 들고 눈시울이 붉어졌다. 낯선 땅에서 살아가는 이에게 '무지개 피는 날'은 단순한 행사 그 이상이 될 수 있다. 그것은 삶의 외로움을 잠시나마 덜어주는 '마음의 고향'이다.

도시는 많은 이주자들이 모여 사는 곳이다. 농촌에서, 섬마을에서, 해외에서, 그리고 북한에서 넘어온 사람들까지. 이들은 낯선 환경에 몸을 담고 새로운 삶을 개척해 왔다. 비록 언어는 같아도 문화도 다르고, 정서도 낯설다. 그들은 늘 한 걸음쯤 떨어진 자리에서 세상을 바라보며 익숙함 속의 낯섦을 견뎌냈다.

그중 탈북민 이지혜 씨의 사연은 특별하다. 2012년 두만강을 건너 한국에 도착한 지혜 씨는 열여섯 살에 아버지를 두고 북한의 고향을 떠났다. 이후 10년 넘게 생사조차 모른 채 살아야 했고, '무지개 피는 날' 아무도 없는 고향을 향해 손을 모은다. 그녀는 인터뷰에서 이렇게 말했다. "'무지개 피는 날'만큼은 아버지가 하늘 어딘가에서 저를 보고 계신다고 믿어요. 그래서 매번, '잘 지내고 있어요'라고 속삭입니다."

이날은 단지 탈북민만의 이야기가 아니다. 서울 강북구에서 자취 중인 청년 강상익 씨는 '무지개 피는 날', 고향 제주도에 있는 할머니께 영상통화를 걸었다. 평소에 바쁘다는 이유로 자주 연락하지 못했지만, "오늘은 '무지개 피는 날'이래요. 보고 싶어서 전화했어요."라는 그 한마디에 할머니는 몇 초간 말을 잇지 못하고 웃음과 눈물을 동시에 흘렸다.

이처럼 '무지개 피는 날'은 낯선 삶 속에서도 자신의 뿌리를 기억하게 해주는 날이다. 해외에서 건너온 이주노동자들, 다문화 가족, 고향을 떠나 서울에서 홀로 살아가는 청년들, 도시 골목 끝에서 하루를 버텨내는 어르신들까지. 그들 모두가 '떠나온 사람들'이다. 이날은 그들에게 소속감을 회복하고, 잊힌 이름을 다시 불러볼 기회를 준다. 떠난 사람의 눈길은 종종 과거를 향한다. 그리고 그 끝에는 늘 '고향'이 있다. 고향은 어떤 장소만이 아니다. 그것은 누군가의 따뜻한 품, 정겨운 밥상, 매일 걷던 작은 골목일 수 있다. '무지개 피는 날'은 그런 고향을 다시 가슴속에 떠올리고, 서로의 기억을 꺼내어 나누는 날이다. "당신의 고향은 어디인가요?"라는 질문은 마음을 여는 가장 진실한 인사말이 된다. 이날, 각자의 삶에 묵혀 두었던 이야기를 누군가가 들어주는 순간, 잊혔던 삶의 온기가 피어난다. 고향은 멀어도 마음은 그곳에 있다. '무지개 피는 날'은 그 사실을 다시금 떠올리게 해주는 날이다.

그리고 우리는 믿는다. 무지개는 그들을 위한 하늘의 위로다. 낯선 땅에서도, 익숙한 이름을 잃은 자리에서도, 누군가의 삶 위에 조용히 피어난다. 그리고 그 빛줄기 하나가 서로를 향해 마음을 열고, 끊긴 인연을 다시 잇는 시작이 된다. '무지개 피는 날'은, 그렇게 연결의 문이 열리는 날이다.

낯선 곳에서의 시작

고향을 떠난다는 건 지리적인 이동만이 아니라, 익숙했던 관계와 삶의 틀을 벗어나는 일이었다. 그리고 그렇게 떠난 이들은 어디에 도착했을까? 바로 '낯선 곳'이었다. 그 낯선 땅은 새로운 시작이자 동시에 외로움과 두려움으로 가득한 시험대였다. '무지개 피는 날'은 바로 그 낯선 시작 앞에서 흔들리는 이들에게 "혼자가 아니다"라고 말해주는 하루다.

몽골에서 한국으로 시집온 아마르사이한 씨는 처음 도착한 날, 시댁 식구들과의 식사 자리에서 젓가락질이 서툴러 자꾸 밥을 흘리자 얼굴이 붉어졌다고 한다. 그렇게 말도 잘 통하지 않고 문화도 전혀 다른 이곳의 생활이 너무나 힘들고 외로

웠다. 하지만 어느 날, 시어머니가 "네 몽골 이름 뜻이 뭐냐?"라고 물으며 웃어주었던 짧은 인사 한마디가 그녀에게는 한국 생활의 진짜 시작이었다. 그 순간부터 그녀는 낯선 한국을 '내 삶이 이어질 곳'으로 받아들이기 시작했다.

탈북민 김세민 씨의 이야기도 있다. 그는 20대 중반에 목숨을 걸고 국경을 넘었고, 탈북 후 남한에 정착하는 과정에서 "같은 언어를 쓰는 곳에서 말이 안 통하는 느낌"을 받았다고 한다. 편의점 아르바이트 면접에서 면접관이 "고향이 평양이라니, 거기서 온 거면 진짜 북한 사람이네요?"라고 묻던 순간, 그는 자신이 이 사회에서 여전히 '외부인'이라는 벽을 느꼈다. 하지만 세민 씨는 지역 자원봉사단체에서 만난 한 할머니의 말에 눈물을 흘렸다고 한다. "내 손녀 같네. 힘들면 나한테 와서 얘기해." 그날 이후, 그는 매주 그 할머니 집에 들러 된장찌개를 함께 먹으며 남한 사회에서의 '가족'을 만들어갔다.

낯선 땅에서의 시작은 그렇게 누군가의 '한마디'로 변화한다. 처음 접하는 언어, 다른 문화, 다른 속도의 삶 속에서 혼자 울던 이들에게 그 한마디는 햇살처럼 따뜻한 다리다. '무지개 피는 날'은 바로 그런 말을 건네는 날이다. "실수해도 괜찮아요.", "힘들면 잠깐 쉬어도 돼요.", "당신이 여기 있어 줘서 고마워요." 이 말들은 사회가 줄 수 있는 가장 큰 위로이고 연대다.

다문화 가정의 아이들도 그런 낯선 출발선에 서 있다. 초등학교에 입학한 태국계 혼혈 소녀 '민아'는 어릴 때부터 "피부가 왜 까매?", "말이 어색해."라는 놀림을 받아왔다. 하지만 학교에서 열린 '무지개 피는 날' 캠페인에서 자신이 만든 전통 음식과 가족 이야기를 발표하며, 처음으로 친구들의 박수를 받았고, 그날 이후 민아는 학교에 가는 걸 좋아하게 되었다고 한다. '다르다는 것'이 부끄러움이 아닌 자랑이 되는 순간, 민아는 비로소 이 사회의 일원이 될 수 있었다.

시작이 두려운 이유는 앞을 알 수 없기 때문이다. 하지만 누군가가 손을 내밀어 준다면, 그 시작은 두려움이 아닌 기대가 될 수 있다. '무지개 피는 날'은 그 기대를 전하는 날이다. 마트에서 첫 출근 한 이주노동자에게 "어서 와요, 잘 부탁해요."라는 인사를 전하는 날, 처음 한국어를 배우는 외국인 친구에게 "천천히 해도 괜찮아요."라고 웃어주는 날…. 누구든 시작 앞에서 떨릴 수 있다. 그 시작을 함께 응원해 주는 사회, 그게 바로 무지개를 품은 공동체다.

무지개는 어디서든 피어난다. 황량한 사막에도, 회색 도시에도, 적막한 시골 마을 하늘에도. 중요한 건 그 하늘 아래 함께 있어 주는 사람이다. '무지개 피는 날', 우리는 그 누군가의 첫 시작을 지켜봐 주고, 말없이 옆자리를 내어주는 이가 되어야 한다. 그리고 그 순간, 우리는 알게 된다. 낯선 곳이 더 이상 낯설지 않게 되는 이유는 결국 사람이라는 것을. 이날은 바로 그 깨달음을 서로 나누는 시간이다.

이해받고 싶은 마음

사람은 누구나 이해받고 싶어 한다. 그저 말로 위로받고 싶은 욕구가 아니라, 존재 그 자체를 받아들여 달라는 깊은 마음의 외침을 저마다 끌어안고 살아간다. 특히 고향을 떠나 낯선 곳에 뿌리를 내린 이들에게 '이해받는 경험'은 생존을 넘어 희망이 되고, 외로움을 넘어 삶의 의미가 된다. 서울의 한 탈북민 정착센터에서 만난 김지현 씨는 이런 이야기를 했다. "처음 남한에 왔을 땐 모든 게 두려웠어요. 같은 말을 썼지만, 같은 삶이 아니었거든요. '어디 출신이세요?'라는 질문 한 마디에 가슴이 철렁 내려앉는 기분, 그건 겪어보지 않으면 모를 거예요."

그녀는 편의점 아르바이트 중 억양이 다르다며 손님에게 무례한 농담을 듣고는 며칠간 말을 잃었다고 했다. 그 이후, 무심한 시선 하나, 설명을 요구하는 말투 하나도 두려움이 되었다. 그녀가 조금씩 마음을 열 수 있었던 건, 정착센터의 한 직원이 그녀에게 이런 말을 건넸을 때였다. "지현 씨, 이곳에 와줘서 고마워요. 지현 씨가 하고 싶은 이야기를 듣고 싶어요."

그 말 한마디는 그녀가 낯선 사회에서 자신을 지워가던 시간을 멈추게 했고, 비로소 '나도 이곳에서 받아들여질 수 있겠구나.'라는 희망을 품게 했다.

다문화 가정의 아이들에게도 '이해받는 감정'은 정체성을 지키는 밧줄이다. 전라남도의 한 초등학교에 다니는 캄보디아 출신 어머니와 한국인 아버지 사이의 아이, 승우(가명)는 어느 날 친구들 사이에서 "너는 한국 사람 아니잖아."라는 말을 듣고 한동안 밥도 먹지 않고 학교 가기를 거부했다. 아이는 울면서 어머니에게 말했다. "왜 나는 다른 사람처럼 태어나지 않았어요?"

하지만 담임 선생님은 그날 이후, 학급 아이들과 함께 '다른 나라 엄마를 둔 친구의 이야기'라는 프로젝트를 시작했다. 승우는 자신의 가족에 대해 발표했고, 친구들은 처음으로 "너 멋있다, 두 나라말을 할 수 있구나."라며 환하게 웃었다. 그날 이후, 승우는 당당하게 자신의 이름을 말하게 되었다.

이해는 거창한 것이 아니다. "그럴 수도 있어요."라는 말 하나, "그땐 어떤 기분이었나요?"라는 질문 하나가 문을 연다. 우리가 흔히 넘기는 행동 속에도 그 사람의 배경과 상처가 담겨 있을 수 있기에, '무지개 피는 날'은 그런 질문들이 오가는 하루가 되어야 한다. 판단보다 경청, 해석보다 공감의 날이 되어야 한다.

"당신의 이야기를 듣고 싶어요." 이 말은, 말없이 지내던 이에게 손을 내미는 다리가 된다. 이해받지 못한 사람은 점점 말이 줄어든다. 그리고 그 침묵은 시간이 갈수록 자기 존재를 지우게 만든다. '무지개 피는 날'은 그 침묵을 깨는 날이다. 말하지 않아도 괜찮다고, 지금 있는 그대로 괜찮다고 말해주는 하루. 모든 사람의 마음속에는 이해받고 싶은 마음이 있다. 그것은 국적이나 출신, 피부색, 억양의 문제가 아니라, 인간이라면 누구나 품고 있는 마음의 본성이다. '무지개 피는 날'은 그 마음을 다시 들여다보는 시간이다.

우리는 모두 다른 길을 걸어왔다. 그 길에서 때로 외로웠고, 때로 마음을 다쳤으며, 때로는 말하지 못한 수많은 사연을 품고 있었다. 하지만 지금 이곳에 함께 살아간다는 사실 하나만으로도 우리는 이해받을 자격이 있다. '무지개 피는 날'은 그 자격을 확인해 주는 날이다. 이해는 만남의 문이고, 이해받는 순간 사람은 비로소 살아 있다고 느낀다. 그날 하루, 누군가의 이야기에 귀 기울여 보자. 그리고 말해 주자. "설명하지 않아도 괜찮아요. 당신은 이미 충분합니다."

무지개는 다채로운 빛의 차이를 품고서야 비로소 완성된다. 그처럼 사회도, 공동체도, 사람 사이의 관계도, '이해'라는 빛을 통해 완성되는 것이다.

탈북민이 서로 만나는 날

탈북민이 서로 만나는 날은 단순한 재회가 아니다. 그것은 기억의 상처와 일상의 고단함을 함께 꺼내어 놓고, 그 위에 조용히 손을 얹어주는 공감과 치유의 시간이다. 말하지 않아도 서로를 이해할 수 있는 마음, 굳이 설명하지 않아도 눈빛 하나로 전해지는 그 특별한 유대감이, 바로 이날을 더욱 소중하게 만든다. 탈북민에게 한국은 분명 '도착지'이지만, 동시에 또 다른 '출발선'이기도 하다. 삶을 새로이 시작해야 하는 낯선 땅에서 그들은 말 그대로 모든 것을 처음부터 다시 배워야 한다. 음식, 언어, 문화, 시선, 심지어는 웃는 법까지. 같은 민족이지만, 남한 사회는 그들에게 이질적인 세계였고, 익숙하지 않은 규칙에 때로는 그들을 이방인처럼 느끼게 했다.

이런 상황 속에서, 같은 경험을 공유한 이들과의 만남은 큰 위로가 된다. 같은 억양으로 대화를 나눌 수 있다는 것에 눈물이 난다. 그리웠던 고향의 음식 냄새에 코끝이 시큰해지고,

떠나오던 날의 이야기를 하며 말없이 손을 잡는다. '무지개 피는 날'은 바로 그런 만남이 이루어지는 날이어야 한다. 이날은 정착지원센터의 프로그램이 아닌, 사람과 사람 사이에 피어나는 온기의 자리가 되어야 한다. 고된 하루 끝에 모인 탈북민들이 작은 주방에서 국수를 삶고, 밥상을 마주하며 고향 얘기를 꺼낸다.

"요즘 어떻게 지내요?" "아이 학교는 잘 다녀요?"…. 그 짧은 인사들이 서로를 견디게 하고, 다시 살아가게 한다. '무지개 피는 날'은 그렇게 서로의 존재를 다시 확인하는 날이다. 흩어진 인연이 복원되고, 언젠가 잃어버렸다고 느꼈던 정체성이 다시 자리를 찾는 순간이다.

한 사람이 말한다. "당신이 여기 있다는 것만으로, 나는 덜 외롭습니다." 그 말은 위로의 언어이자 생존의 고백이다. 이날은 탈북민들만의 날이 아니다. 한국 사회 전체가 스스로 던지는 하나의 질문이기도 하다. "우리는 이들을 어떤 눈으로 바라보고 있는가?" 뉴스 속 등장인물로, 다큐멘터리의 소재로 소비했던 그 존재들이 우리의 이웃으로 다가설 수 있는 시간.

'무지개 피는 날'은 한국 사회 전체가 "우리는 당신을 잊지 않았습니다."라고 말하는 공동의 기억의 날이어야 한다. 그날,

탈북민들이 서로를 바라보며 "다시 만나서 반가워요."라고 인사할 수 있다면, 그것은 단순한 만남을 넘어선다. 서로 다른 체제에서 살아온 사람들이 인간이라는 이름 아래 다시 마주 앉고, 두 시대가 하나의 테이블 위에서 따뜻한 밥을 나눈다. 무지개는 색이 달라서 아름답다. 탈북민이 이 땅에서 자신의 색을 지우지 않아도 환영받을 수 있다면, 우리는 진정으로 무지개의 가치를 실현하는 공동체가 될 수 있다.

'무지개 피는 날'은 그 다양한 색들이 함께 어우러져 한국 사회를 더 온전하게 만드는 날이다. 그리고 그날, 탈북민들은 서로에게 말할 것이다. "힘들었지? 그래도 살아줘서 정말 고마워." 그 말 한마디가, 대한민국을 진정 하나로 이어주는 가장 따뜻한 시작이 된다.

편견의 벽을 넘다

편견은 사람과 사람 사이에 가장 두꺼운 벽을 만든다. 그것은 상대를 알기 전에 먼저 판단하고, 들으려 하기 전에 이미 결론을 내리는 마음이다. 고향을 떠나 낯선 땅에서 살아가는 이들에게 가장 힘든 것은 차별보다 더 교묘하게 작동하는 편견이다. 아무 말이 없어도, 아무 행동이 없어도 느껴지는 '보이지 않는 벽'—그것이 편견이다.

　　탈북민, 다문화 가정, 외국인 노동자, 이주 여성, 국내 이주 청년들, 그리고 수도권 외 지역에서 온 사람들에 이르기까지, 우리는 '다름'이라는 이유만으로 쉽게 구분 짓고 선을 긋는다. 말투가 어색하다는 이유로, 피부색이 다르다는 이유로, 행동이 익숙하지 않다는 이유로 사람들은 판단 받고, 자신을 숨긴 채 살아간다. 그것은 단지 소외의 문제가 아니라, 정체성을 잃어가는 고통이다.

　　'무지개 피는 날'은 그러한 편견의 벽을 허무는 날이 되어야 한다. 적어도 이날만큼은, 사람을 먼저 보고, 그 사람의 말에 귀 기울이고, 그 사람의 삶에 공감해 보는 하루가 되어야 한다. 다르다는 이유로 멀어졌던 사람들에게 "나는 당신이 어떤 사람인지 알고 싶습니다."라고 말할 수 있는 용기를 발휘하는 날이 되어야 한다. 이날은 편견이라는 장벽 앞에서, 사람을 향해 다리를 놓는 날이다.

　　편견은 몰라서 생기기도 하고, 접해본 적이 없어서 만들어지기도 한다. 그렇기에 우리는 더 많이 보고, 더 많이 듣고, 더 많이 다가가야 한다. '무지개 피는 날'은 소수자들의 이야기를 세상이 듣는 날이기도 하다. '나는 왜 떠나왔고, 어떻게 살아가고 있으며, 무엇을 두려워하고 있는지' 이야기를 하고, 또 그 이야기를 들어주는 것만으로도, 편견은 차츰 무너진다.

편견은 두려움에서 비롯되고, 그 두려움은 무지함에서 태어난다. '무지개 피는 날'은 그 무지를 이해로 바꾸는 시간이다. 단 하루, 마음의 문을 조금만 열어보자. 그 안에 얼마나 깊은 이야기가 담겨 있는지, 얼마나 소중한 삶이 숨겨져 있는지 우리는 알게 될 것이다. 이날은 마주 앉아 식사를 하고, 눈을 마주치며 웃고, 손을 맞잡을 수 있는 날이 되어야 한다.

무지개는 일곱 가지 색이 서로 달라서 더 아름답다. 우리 사회도 마찬가지다. 사람들의 출신, 배경, 언어, 생활 방식의 다양성으로 더 풍부해진다. 편견은 그 다양성을 가로막는 벽이다. '무지개 피는 날'은 그 벽을 허물고, 사람을 사람으로 바라보는 날이 되어야 한다.

그날, 우리는 누군가를 향해 "처음 뵙지만, 반갑습니다."라고 말하게 될지도 모른다. 그날, 우리는 스스로 묻게 될 것이다. "나는 지금까지 어떤 편견을 가지고 있었는가?" '무지개 피는 날'은 그런 질문이 허락되는 날이자, 그 질문에 답할 수 있는 용기를 키우는 날이다. 그리고 우리는 조금 더 열린 마음으로, 조금 더 다정한 시선으로 세상을 보게 될 것이다.

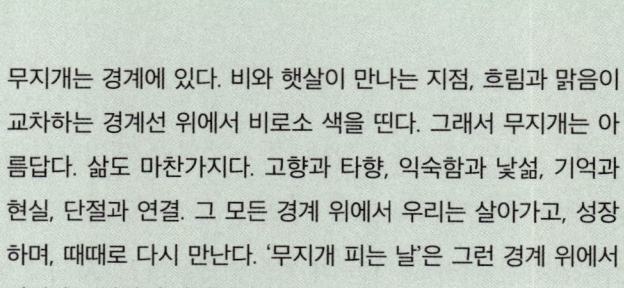

무지개는 경계에 있다. 비와 햇살이 만나는 지점, 흐림과 맑음이 교차하는 경계선 위에서 비로소 색을 띤다. 그래서 무지개는 아름답다. 삶도 마찬가지다. 고향과 타향, 익숙함과 낯섦, 기억과 현실, 단절과 연결. 그 모든 경계 위에서 우리는 살아가고, 성장하며, 때때로 다시 만난다. '무지개 피는 날'은 그런 경계 위에서 피어나는 만남의 상징이다.

무지개는 경계 위에 피어난다

무지개는 경계에 있다. 비와 햇살이 만나는 지점, 흐림과 맑음이 교차하는 경계선 위에서 비로소 색을 띤다. 그래서 무지개는 아름답다. 둘 중 어느 한쪽만으로는 결코 만들어질 수 없기 때문이다. 삶도 마찬가지다. 고향과 타향, 익숙함과 낯섦, 기억과 현실, 단절과 연결. 그 모든 경계 위에서 우리는 살아가고, 성장하며, 때때로 다시 만난다. '무지개 피는 날'은 그런 경계 위에서 피어나는 만남의 상징이다.

고향을 떠나 새로운 삶을 시작한 사람들은 늘 경계에 서 있다. 어디에도 완전히 속하지 못한 채, 두 세계 사이에서 살아간다. 탈북민은 북한을 떠나왔지만, 여전히 그곳의 가족을 가슴에 품고 살아간다. 다문화 가정의 아이들은 엄마의 문화와 아빠의 문화 사이에서 자신만의 정체성을 찾는다. 도시로 떠난 청년은 고향과 도시 사이에서 소속감을 고민하고, 해외 이주자는 언어와 문화 사이에서 늘 긴장한다.

이러한 경계에 선 사람들은 때때로 외롭고, 때때로 흔들린다. 하지만 바로 그 자리에 무지개가 피어날 수 있다. '무지개 피는 날'은 이 경계에 선 이들을 위한 날이다. 어디에도 완전히 속하지 못한 이들에게, "당신의 자리는 여기입니다."라고 말해

주는 날이다. 이날은 모든 경계 위의 존재들이 하나의 공동체 안에서 안식과 연결을 경험하는 날이어야 한다.

우리는 종종 경계를 부정하거나 넘어서야 할 대상으로 여긴다. 하지만 무지개는 경계 위에서 피어나며, 그 경계 자체가 아름다움의 출발점이 된다. 고향과 타향의 사이에서 살아가는 이들도 마찬가지다. 그들이 겪은 이중성, 복합적인 정체성, 다중의 경험은 우리 사회를 더 풍부하고 넓게 만들어주는 자산이다. '무지개 피는 날'은 그 자산을 인정하고, 그들이 지닌 이야기를 사회 전체가 들어주는 날이다.

경계에 선 이들이야말로 양쪽의 세계를 모두 이해할 수 있는 사람들이다. 그들은 단절의 아픔도 알고, 연결의 기쁨도 안다. 고향을 기억하면서도 새로운 땅을 살아가는 이들의 이야기는 우리 모두에게 공감이 된다. '무지개 피는 날'은 그들의 목소리가 중심이 되는 날이다.

"나는 이곳에서 살아갑니다. 그리고 나는 여전히 저곳도 잊지 않았습니다." 그 말 한마디에 담긴 깊은 울림이 무지개의 빛을 만든다. 경계는 두려움의 대상이 아니라, 이해의 시작점이다. 서로 다른 사람들이 만나는 자리, 서로 다른 기억과 경험이 겹치는 지점, 그곳에서 우리는 진짜 만남을 경험하게 된다. '무지개 피는 날'은 그 만남을 축복하는 날이다. 경계는 불안이 아니라 가능성이, 불완전함이 아니라 풍요로움이 시작되는 지점이다.

경계 위에 피어나는 무지개, 삶은 우리에게 그 진실을 가르쳐준다. 다름과 다름 사이에서, 오해와 이해 사이에서, 이방인과 이웃 사이에서, 그 중간 지점에서 피어나는 하나의 빛. '무지개 피는 날', 우리는 그 빛을 함께 바라보며, 경계 위에서 손을 내밀고, 다시 연결될 수 있다. 그날, 무지개는 가장 찬란하게 떠오른다.

무지개는 서로 다른 색이 조화를 이루면서
피어난다. 우리 사회도 그렇다. 단일한 색으로는
아름다운 빛을 만들 수 없다. 탈북민이라는
이름은 우리 사회에 또 하나의 색이다. 그
색을 꺼리거나 지우려고 할 것이 아니라, 한데
어우러지는 빛으로 인정할 때 비로소 진정한
무지개가 완성된다. '무지개 피는 날'은 그 색을
존중하고, 함께 그려나가는 하루가 되어야 한다.

제3장

그리움은 국경을 넘고,
마음은 무지개로 이어진다

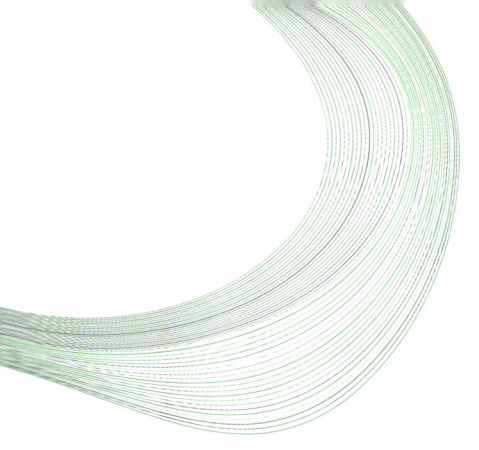

이산의 비극, 남겨진 이름들

해방과 전쟁, 그리고 분단은 많은 사람들의 삶을 갈라놓았다. 1950년 6월 25일, 비극적인 전쟁은 하나였던 조국을 남과 북으로 쪼개 놓았고, 가족은 흩어졌으며, 고향은 기억 속에만 남았다. 전쟁 직후 수많은 실향민이 남한 땅에 정착했지만, 그들의 마음은 늘 북녘 하늘을 향하고 있었다. 이제는 나이가 들어 생사를 달리한 분들도 많지만, 아직도 수만 명의 실향민이 살아 있다. 그들의 가슴속에는 돌아갈 수 없는 고향에 대한 절절한 그리움이 남아 있다.

실향민이라는 단어에는 단순한 이주 이상의 의미가 담겨 있다. 그것은 '억지로 떠나야 했던' 삶, '남겨지고 잊혀져야 했던' 이름들, '다시는 돌아갈 수 없는' 길을 의미한다. 그 길 위에

선 사람들은 여전히 분단이라는 비극 속에서 살아가고 있다. 고향에 두고 온 가족, 친구, 이웃의 얼굴을 가슴에 품고 살아온 세월이 70년이 넘었지만, 그 기억은 조금도 희미해지지 않았다. 그리고 그 세월은 지금도 이어지고 있다. 이번에는 탈북민이라는 새로운 이산 離散의 이름으로.

현재 대한민국에는 약 3만 4천여 명의 탈북민이 살아가고 있다. 그들 중에는 북에서 태어나 자란 이들도 있고, 어린 시절 부모와 함께 남한으로 넘어온 이들도 있다. 탈북민이라는 이름은 곧 '고향을 두고 온 사람'이기도 하며, 이들은 매일같이 북쪽 하늘을 바라보며 마음으로 기도한다. 다시 갈 수 없을지도 모르는 고향, 다시는 만날 수 없을지도 모르는 가족을 향한 간절한 마음이 그들을 지탱하고 있다. '무지개 피는 날'은 바로 그런 이들의 마음을 어루만지는 날이 되어야 한다.

한 실향민 노인은 말했다. "평생을 기다렸지만, 내 고향 땅을 다시 밟아보지 못했어요. 죽기 전에 북녘 하늘 아래 고향 집 마당 흙이라도 만져보고 싶습니다."

또 한 탈북 여성은 이렇게 말했다. "남쪽에 와서도 늘 불안하고 외로워요. 같은 한국인이라고 하지만, 말투 하나로 벽을 느껴요. 그럴 때면 진짜 고향도, 가까운 이웃드 없어 가슴이 아파요."

이 말들은 단순한 감정의 토로가 아니다. 갈라진 땅에서 살아가는 이산과 분단의 현실을 보여주는 아픔 그 자체다.

'무지개 피는 날'은, 이러한 실향의 아픔을 가진 이들이 다시 만날 수 있는 상징적인 날이 될 수 있다. 비록 현실에서는 북으로 갈 수 없고, 가족을 다시 만날 수 없지만, 그 마음만큼은 무지개 아래 하나로 이어질 수 있다. 이날 하루만큼은 실향민과 탈북민, 그리고 그들을 이해하는 시민들이 함께 모여 같은 하늘을 바라보며 기도할 수 있다. "우리 다시 만날 수 있기를, 고향에 갈 수 있기를, 언젠가 하나가 되기를."

무지개는 비와 햇살이 만날 때 피어난다. 전쟁이라는 고통의 비와 희망이라는 햇살이 만나는 자리, 그곳에 피어나는 무지개. '무지개 피는 날'은 바로 그 희망의 상징이다. 고향을 잃은 사람들에게, 가족을 잃은 사람들에게, 언젠가 다시 만날 수 있다는 믿음을 전해주는 날. 그 믿음 하나로 오늘을 버티는 수많은 실향민과 탈북민들에게, '무지개 피는 날'은 단순한 기념일이 아니라 다시 살아갈 힘이 되는 날이다.

역사는 잊지 않는 사람들에 의해 이어진다. 고향의 이름을 기억하고, 분단의 아픔을 나누며, 다시 하나 되기를 바라는 마음을 모을 때, 우리는 이 시대의 무지개를 함께 그릴 수 있다. 실향민의 눈물, 탈북민의 불안, 그리고 우리가 함께 나누는 희망의 언어. 그것이 '무지개 피는 날'의 시작이다. 그리고 이날은, 단지 한 민족만의 이야기가 아니라, 인간이 가진 본질적인 그리움과 사랑, 연결의 이야기임을 모두가 느낄 수 있는 날이 되어야 한다.

남과 북, 하나였던 우리는 왜 갈라졌나

한반도는 본래 하나였다. 같은 언어를 쓰고, 같은 역사와 문화를 공유하며, 대를 이어 함께 살아온 민족이었다. 산맥은 백두대간으로 이어졌고, 강줄기는 북에서 남으로 흐르며, 장터에서는 사투리가 섞인 웃음이 오갔다. 그저 '우리'라는 단어로 충분했고, 그 안에 모든 지역과 사람들이 포함되었다. 그러나 20세기 중반, 세계사의 거대한 소용돌이 속에서 하나였던 우리는 갈라졌다. 해방은 기쁨이었지만 동시에 시작된 분단은, 아픔의 시작이었다.

1945년, 해방과 함께 한반도에는 두 개의 이념이 들어섰다. 북쪽에는 공산주의, 남쪽에는 자본주의 체제가 자리 잡기 시작했고, 미군과 소련군이 각각 38선 이남과 이북으로 나누어

점령했다. 이 민족적 불행은 1950년 6월 25일, 서로에게 총부리를 겨누는 끔찍한 전쟁으로 이어져 수백만 명이 희생되고 수많은 가족이 뿔뿔이 흩어지는 비극을 낳았다. 전쟁은 정전협정을 맺고 휴전상태로, 이 땅은 '남과 북'이라는 이름 아래 서로를 적으로 규정하며 살아가야 했다. 그 분단의 경계는 지금까지도 휴전선 위에 철책으로, 가슴 속에는 그리움으로 남아 있다.

그 갈라진 경계는 단지 국토만 나눈 것이 아니었다. 사람의 관계를 끊었고, 마음을 갈랐다. 남과 북에 각기 살아가는 사람들은 같은 민족이지만, 서로를 낯설게 바라보게 되었다. 언어는 조금씩 달라졌고, 문화와 교육, 사고방식도 변해갔다. 같은 민족임에도 불구하고 서로를 '이질적인 존재'로 여기게 된 지금의 현실은, 분단이 남긴 가장 큰 상처다. 그리고 그 상처는 고향을 떠난 실향민과 탈북민의 삶에 고스란히 새겨져 있다.

'무지개 피는 날'은 이러한 분단의 역사를 잊지 않고 기억하는 날이어야 한다. 우리는 왜 갈라졌는지를 묻고, 다시 하나가 되기 위해 무엇을 해야 하는지를 생각하는 날이다. 단지 통일이라는 거창한 담론이 아니라, 이념보다 사람을 먼저 생각하는 마음이 필요하다. 같은 하늘 아래 살아가는 이들이 서로를 두려워하지 않고, 같은 뿌리에서 자란 한민족임을 인정할 수 있다면, 무지개는 다시 피어날 수 있다.

한 탈북 청년은 남한에서 대학을 다니며 이렇게 말했다고 한다. "수업 시간에 분단에 대해 배우면서 처음엔 너무 슬펐어요. 우리가 왜 이렇게까지 나뉘어야 했는지, 왜 아직도 서로를 두려워해야 하는지 이해되지 않았습니다." 이 고백은 단지 탈북민의 이야기가 아니다. 우리 모두가 생각해 보아야 할 질문이다. 우리는 왜, 그리고 언제부터 서로를 멀리하게 되었을까?

이념과 사상은 시대에 따라 변할 수 있다. 그러나 민족의 뿌리와 가족의 사랑은 변하지 않는다. '무지개 피는 날'은 그러한 본질을 다시 깨닫게 하는 시간이다. 남과 북으로 갈라진 우리지만, 마음은 다시 연결될 수 있다는 희망, 그 희망을 기억하고 나누는 날이 되어야 한다. 이날은 단지 탈북민을 위한 날이 아니라, 모든 분단의 아픔을 품고 살아가는 사람들을 위한 날이기도 하다.

남과 북, 우리는 본래 하나였다. 그 사실은 지금도 변하지 않는다. 분단이라는 현실의 벽이 가로막고 있지만, 그 벽을 넘고자 하는 마음은 여전히 살아 있다. '무지개 피는 날', 그 마음들이 모여 다시 하나의 무지개가 될 수 있다면, 우리는 언젠가 하나의 이름으로 다시 만날 수 있을 것이다. "우리는 갈라졌지만, 아직 완전히 멀어지지 않았다." 이 믿음을 가슴에 품고, 무지개 아래에서 다시 서로를 바라보는 것. 그것이 오늘 우리가 할 수 있는 가장 소중한 시작이다.

남쪽 하늘 아래, 북녘을 바라보는 이들

고향은 누구에게나 특별한 이름이다. 그것은 단지 출생지를 의미하는 것이 아니라, 삶의 뿌리가 시작된 장소다. 고향에는 그리움이 있고, 안식이 있고, 잊지 못할 사람들이 있다. 그러나 어떤 이들에게 고향은 돌아갈 수 없는 이름이다. 지금 대한민국에 사는 탈북민 3만 4천여 명은 그런 고향을 가슴에 묻고 살아간다. 그들의 눈에는 늘 북쪽 하늘 아래 두고 온 가족이 어른거리고, 마음에는 한 조각의 공백이 남아 있다. 이 절망과 그리움은 단지 과거의 일이 아니라, 지금도 진행 중인 이야기이다.

탈북민들은 남한 사회에서 '같은 민족'이라는 이름으로 살아가지만, 여전히 많은 장벽과 편견에 맞서야 한다. 그들의 말투, 습관, 사고방식은 이 땅에서 때로는 낯설게 여겨지고, 그 낯섦은 곧 거리감이 되어 그들을 외롭게 만든다. 아무리 노력해도 '우리 안의 이방인'처럼 느껴질 때, 그들의 상처는 더 깊어진다. 어떤 탈북민은 "고향을 떠났지만, 여기서도 고향을 찾지 못했다."고 말한다. 그 말 안에는 이념의 장벽보다 더 높은 정서적 단절이 담겨 있다.

　탈북민들의 삶은 단순한 이주나 이민과는 다르다. 그것은 생명과 삶의 모든 것을 걸고 넘어온 길이며, 다시는 돌아갈 수 없다는 전제를 안고 살아가는 여정이다. 가족을 두고 온 사람, 친구의 생사를 알지 못한 채 떠나온 사람, 기억 속에서만 살아 있는 고향의 골목을 가슴에 묻고 살아가는 사람들…. 그들의 삶에는 늘 결핍과 그리움이 그림자처럼 따라붙는다. 그리고 그 모든 감정은 북쪽 하늘을 바라보는 시선에 스며 있다. 그 하늘은 가깝지만, 닿을 수 없는 거리다.

　'무지개 피는 날'은 그런 이들을 위한 날이 되어야 한다. 이 날만큼은 그들의 고향 이야기를 듣고, 그들의 눈물에 귀 기울이며, 같은 하늘 아래 함께 손을 잡아주는 날이 되어야 한다. 그들에게는 단지 위로의 말이 아니라, 진심 어린 연대의 손길이 필요하다. 탈북민만의 날이 아니라, 탈북민과 함께하는 날이 되어야 한다. '무지개 피는 날'은 그 '함께'의 의미를 되새기는 시간이다.

　무지개는 서로 다른 색이 조화를 이루면서 피어난다. 우리 사회도 그렇다. 단일한 색으로는 아름다운 빛을 만들 수 없다. 탈북민이라는 이름은 우리 사회에 또 하나의 색이다. 그 색을

무지개는 서로 다른 색이 조화를 이루면서 피어난다. 우리 사회도 그렇다. 단일한 색으로는 아름다운 빛을 만들 수 없다. 탈북민이라는 이름은 우리 사회에 또 하나의 색이다. 그 색을 꺼리거나 지우려고 할 것이 아니라, 한데 어우러지는 빛으로 인정할 때 비로소 진정한 무지개가 완성된다. '무지개 피는 날'은 그 색을 존중하고, 함께 그려나가는 하루가 되어야 한다.

꺼리거나 지우려고 할 것이 아니라, 한데 어우러지는 빛으로 인정할 때 비로소 진정한 무지개가 완성된다. '무지개 피는 날'은 그 색을 존중하고, 함께 그려나가는 하루가 되어야 한다.

북한을 탈출해 남한에 정착한 한 청년은 이렇게 말했다. "저는 남쪽에서 자유를 얻었지만, 때때로 외로움 속에 갇히곤 해요. 그럴 때마다 북쪽 하늘을 보며 가족을 떠올리고, 언젠가 다시 만날 날을 기다립니다." 이 고백은 단지 개인의 외로움이 아니라, 분단된 이 땅에서 살아가는 또 하나의 '남겨진 이름'에 대한 이야기이기도 하다.

'무지개 피는 날', 우리는 이들을 중심에 세워야 한다. 그들의 이야기를 조용히 듣고, 마음속의 고향을 함께 바라보며, 그리움이 부끄럽지 않은 사회를 만들어야 한다. 무지개는 하늘에만 피는 것이 아니다. 사람의 마음에도 피어날 수 있다. 탈북민의 삶에 그런 무지개의 빛이 스며들 수 있도록, 우리는 함께 있어야 한다.

남쪽 하늘 아래에서 북녘을 바라보는 그들의 시선은 슬프지만, 동시에 희망적이다. 그리움은 곧 사랑의 다른 이름이고, 사랑은 다시 만남을 꿈꾸게 한다. '무지개 피는 날'은 그 만남을 준비하는 하루다. 실제로 만날 수 없어도, 그 마음만은 서로에게 닿을 수 있음을 기억하는 날이다. 그리고 그날의 기억이, 언젠가 진짜 무지개가 북쪽과 남쪽 사이에 피어나는 씨앗이 될 수 있기를, 간절히 소망한다.

같은 민족, 다른 삶을 살아온 사람들

같은 말을 쓰고, 같은 역사를 걸어왔고, 같은 산과 강의 이름을 부르지만 우리는 너무나 다른 길을 걸어왔다. 남한과 북한. 하나였던 민족은 1953년 정전협정 이후 철조망 하나를 사이에 두고 완전히 다른 세계를 살아왔다. 뿌리는 같지만 가지는 갈라졌고, 기억은 나뉘었고, 그리움마저 금이 갔다.

남한에서 태어나 자란 이들에게 '북한'은 오랫동안 막연한 공포이거나, 정치 뉴스에서나 등장하는 낯선 존재였다. 반면 북한에서 살아온 사람들에게 '남한'은 철저히 왜곡된 선전 대상이거나, 감히 넘을 수 없는 꿈의 공간이었다. 우리는 같은 민족이라는 말을 수없이 반복해 왔지만, 실제로는 서로에 대해 너무나 모르고, 때로는 서로를 오해하고 있었다. 남한에서 살아가는 탈북민들은 바로 이 두 세계 사이에서 길을 찾으려는 사람들이다. 같은 말을 하면서도 억양이 다르다고 놀림을 받았고, 같은 민족이지만 시선은 낯설었고, 마음의 거리는 멀었다.

하지만 그들이 이방인이어야 할 이유는 없다. 오히려 그들은 수십 년간 갈라졌던 민족이 다시 손을 잡을 수 있는 가장 살아 있는 연결고리이다. 북한에서의 삶이 있었고, 남한에서의 삶을 배우며 살아가는 그들은 두 세계를 동시에 이해할 수 있는 유일한 사람들이다. 그리고 그들의 존재는 우리가 잊지 말아야 할 사실 하나를 상기시킨다. 우리는 아직 하나가 되지 못했지만, 여전히 한민족이자 동포라는 것.

'무지개 피는 날'은 '같은 민족, 다른 삶'을 살아온 사람들이 한자리에 모일 수 있는 날이다. 차이를 구분 짓는 것이 아니라, 차이를 인정하고 서로에게 귀 기울이는 날. 남과 북, 실향민과 탈북민, 남한 출신과 북한 출신, 모두가 서로의 상처를 보듬으며 '아, 당신도 나처럼 아팠구나.'라고 말할 수 있는 날. 그날이 오면, 분단의 세월이 만들어낸 가슴 아픈 단절의 강 위에 작은 다리 하나가 놓일 수 있을 것이다.

이 다리는 통일이라는 거창한 말보다, 마음의 연결을 먼저 말하는 다리다. 그리고 '무지개 피는 날'은 그 다리를 건너는 첫 번째 날이 될 수 있다. 손을 내밀고, 눈을 마주치고, 묵은 눈물을 쏟아낼 수 있는 시간. 우리는 아직 같지 않지만, 함께 걷기 시작할 수는 있다.

북한을 떠나온 사람들은 고향이 있는 북쪽 하늘을 보며 산다. 그리고 남한에서 살아온 사람들은 점점 잊혀가는 북녘의 이름을 낯설어한다. 하지만 '무지개 피는 날'이 그 두 마음을 같은 하늘 아래 묶어줄 수 있다면, 우리는 이 오랜 분단의 시간을 넘어 다시 마음으로 하나가 되는 길 위에 서게 될 것이다.

통일보다 먼저, 마음이 이어져야 한다

통일이라는 말은 오랫동안 우리 사회에서 익숙했지만, 이제는 어느덧 멀어진 단어가 되었다. 한때는 교과서 마지막 장마다 통일의 당위성이 쓰여 있었고, 방송에서는 분단의 아픔을 알리며 '우리의 소원은 통일'이라는 노래가 흘러나왔다. 그러나 시대가 흐르고 세대가 바뀌면서 통일은 더 이상 현실적인 말이 아니라, 이루어질 수 없는 이상처럼 멀게만 느껴지는 말이 되었다.

그렇다고 해서 통일이 사라진 것은 아니다. 어쩌면 우리가 그 단어 안에 담겨야 할 '마음'을 놓치고 살아온 것인지도 모른다. 통일은 체제의 결합도 중요하지만 사람과 사람 사이의 마음이 이어지는 데서부터 먼저 시작되어야 한다. 남과 북의 사람들이 서로를 이해하고 공감하는 그 순간이 진정한 통일의 첫걸 무지개는 하늘 위에 피어나지만, 마음의 무지개는 사람과 사람 사이에 피어난다. 마음이 연결된 날, 우리는 '분단'이라는 말보다 '다시 만남'이라는 말을 먼저 떠올리게 될 것이다.

음이 될 것이다.

우리 남한 사회에서 함께 살아가고 있는 3만 4천여 명의 탈북민들. 그들은 누구보다도 통일이라는 말을 가장 절실히 품고 있는 사람들이다. 그들은 단지 정치적인 구호로서의 통일이 아니라 삶과 기억, 가족과 고향이 다시 연결되기를 바라는 간절함으로 통일을 꿈꾸고 있다.

하지만 그들이 남한 사회에서 마주하는 현실은 때로는 냉담하고, 때로는 무심하다. 같은 말을 하지만 억양이 다르다고 차별당하고, 같은 민족이라 해도 살아온 체제가 다르다는 이유로 편견의 시선을 받는다. '하나의 민족'이나, 정작 '하나의 마음'은 아직 만들어지지 않았다.

그렇다면 진짜 통일을 위해 무엇부터 바꿔어야 할까? 정답은 정치나 제도가 아닌, 우리의 시선과 언어, 태도다. 북한 출신이라는 이유만으로 경계하거나 무심코 던지는 말 한마디가 상대에게 벽이 될 수 있다. '무지개 피는 날'은 그 벽을 허물 수 있는 날이 되어야 한다. 사람을 체제가 아닌 인간으로 바라보는 날, 출신이 아니라 마음을 기준으로 삼는 날이 되어야 한다.

한 탈북 어르신은 이렇게 말했다. "나는 평생 통일을 기다렸지만, 이제는 그냥 마음이 닿기만 해도 좋겠어요. 누가 내 손을 한번 따뜻하게 잡아주면 그게 통일이지요." 이 말은 그 어떤 정치적 선언보다도 깊고 따뜻하다. 제도보다 앞서야 할 것은 이어지는 마음의 길이며, 마음이 연결될 때 제도는 자연스럽게 따라올 것이다.

'무지개 피는 날', 우리는 이렇게 묻는다. "오늘 당신의 마음은 누구에게 닿아 있습니까?" 통일은 먼 이상이 아니라, 우리 곁에 있는 탈북민 한 사람을 어떻게 바라보고 대하는지에서 시작된다. 고향을 떠난 이들의 이야기를 듣고, 눈을 맞추고, 같이 마주 앉는 하루가 쌓여간다면, 우리는 언젠가 진짜 하나가 될 수 있을 것이다.

무지개는 하늘 위에 피어나지만, 마음의 무지개는 사람과 사람 사이에 피어난다. 마음이 연결된 날, 우리는 '분단'이라는 말보다 '다시 만남'이라는 말을 먼저 떠올리게 될 것이다. '무지개 피는 날'이 그 첫 시작이 되기를, 그래서 언젠가 이날이 통일보다 먼저, 하나 된 마음을 기념하는 날로 기억되기를 바란다.

하늘 아래, 같은 무지개를 바라보며

같은 하늘 아래 살고 있지만, 우리는 오랫동안 서로 다른 세상을 바라보며 살아왔다.

　남과 북. 실향민과 탈북민. 분단의 세월은 단지 땅만을 가른 것이 아니라 마음을 가르고, 언어를 다르게 만들고, 서로의 삶을 낯설게 만들었다. 그러나 그 마음 깊은 곳에는 여전히 고향을 향한 그리움, 가족을 향한 기다림, 그리고 언젠가는 다시 하나가 되리라는 희망이 자리 잡고 있다. 지금도 많은 실향민이 북녘 하늘을 바라보며 살아간다. 고향 산천의 이름을 잊지 못하고, 어린 시절 뛰놀던 마을 어귀를 떠올리며 눈물짓는다. 그리고 탈북민들 또한 그 하늘을 향해 산다. 때론 미안한 마음으로, 때론 다시 갈 수 없다는 체념 속에서, 그러나 분명한 건 그들 모두가 같은 하늘을 바라보고 있다는 것이다. '무지개 피는 날'은, 바로 그 하늘 아래 우리가 함께 있다는 사실을 기억하게 해주는 날이다.

　비가 그친 뒤에야 피어나는 무지개. 어쩌면 우리 민족은 긴 비의 시간 속에 있는지도 모른다. 전쟁과 분단, 이념과 체제의 갈등이라는 비바람 속에서 우리는 서로를 향한 문을 닫고 살아왔다. 그러나 그 모든 시간을 지나고 나면, 언젠가는 하늘 위로 무지개 하나가 걸릴 수 있다는 희망, 그것이 바로 오늘 우리가 붙잡아야 할 믿음이다.

실향민과 탈북민, 그리고 이 땅의 모든 남과 북의 사람들. 우리는 다르지 않다. 누구는 서울에 살고, 누구는 함흥에서 자랐고, 누구는 신앙을 지키며 살았고, 또 누구는 체제 안에서 침묵하며 살아왔지만, 결국 우리는 하나의 이야기로 묶인 사람들이다. 서로의 아픈 이야기를 함께 느끼는 날이 바로 '무지개 피는 날'이다. 이날은 특별한 행사를 위한 날이 아니다. 모든 이들이 자기 마음을 열 수 있는 날이어야 한다.

북한에서 온 사람도, 실향민의 자녀도, 통일을 잘 모르는 젊은 세대도 이날만큼은 서로의 이야기를 들으며 같은 하늘 아래 살고 있다는 사실을 느껴야 한다. 혹시 언젠가, 이날에 함께 북녘 하늘을 바라보며 조용히 기도하는 사람들이 있다면, 그 기도는 반드시 하늘에 가 닿을 것이다. 그것이 종교적인 기도이든, 기억을 향한 눈물이든, 그 어떤 언어로도 표현되지 못하는 그리움이든 하늘은 반드시 그 마음을 기억할 것이다.

'무지개 피는 날'은 하루일 수 있다. 그러나 그 하루가 누군가에게는 다시 살아갈 힘이 되고, 누군가에게는 닫혀 있던 마음의 문이 열리는 계기가 된다면, 그 하루는 단순한 날이 아니라, 역사를 다시 잇는 시작점이 될 수 있다.

통일은 제도 이전에 정서다. 정치보다 앞선 것은 사람의 온기다. 하늘 아래, 같은 무지개를 바라보는 날, 우리는 비로소 '한민족'이라는 말의 참된 뜻을 다시 품게 될 것이다. 그리고 언젠가, 같은 무지개를 바라보며 함께 웃을 수 있는 날이 온다면, 그 시작은 바로 이 하루였다고, '무지개 피는 날'이 그날을 향한 첫 발걸음이었다고, 우리의 후대는 자랑스럽게 기록하게 될 것이다.

관계를 회복하는 일은 거대한 사건이 필요한
것이 아니다. 단지 "잘 지냈어?"라고 건네는
짧은 말이면 충분하다. 선물보다 더 소중한 것은
진심으로 우러나는 마음의 움직임이다. '무지개
피는 날'은 그 작은 시작을 가능하게 하는
하루이다.

제4장

잊혀진 인연이
다시 연결되는 날

잊고 있던 이름

시간이 흐르면서, 마음속에서 서서히 희미해지는 이름들이 있다. 한때는 자주 불렀고, 함께 웃으며 하루를 나눴던 사람들. 그 이름은 분명히 가슴 한편에 존재했지만, 말이 끊기고, 소식이 닿지 않으며 어느새 기억의 안쪽으로 밀려나 버렸다. 하지만 그런 이름을 한 번쯤 따뜻하게 불러볼 수 있는 하루가 있다면, 그것만으로도 마음은 충분히 흔들릴 수 있다. '무지개 피는 날'은 바로 그 잊힌 이름을 조용히 불러보는 시간이다.

사람은 수많은 관계 속에서 살아간다. 가족, 친구, 이웃, 직장 동료, 스승과 제자, 스치듯 지나간 인연까지. 때로는 사소한 오해로, 때로는 바쁜 삶에 밀려 자연스럽게 멀어졌지만, 끝났다고 단정할 수는 없다. 이름은 사라지는 것이 아니라, 마음

어딘가에 조용히 머물고 있기 때문이다. 미안함으로, 그리움으로, 혹은 따뜻했던 기억으로 여전히 살아 있다.

일상의 무게는 때때로 소중한 사람을 떠올릴 여유조차 앗아간다. 하지만 문득 떠오르는 얼굴, 가슴 깊은 곳에 자리 잡은 그 이름 하나는 여전히 우리를 향해 조용히 기다리고 있을지 모른다. 어쩌면 누군가의 마음속에는 이 순간, 우리의 이름도 같은 방식으로 머물고 있을 것이다.

오랜 침묵을 깨는 데 거창한 말은 필요 없다. "잘 지냈어?", "문득 생각나더라."라는 한마디면 충분하다. '무지개 피는 날'은 그런 말을 주저 없이 꺼낼 수 있는 특별한 날이다. 어색함 없이, 망설임 없이, 진심을 담아 다가갈 수 있는 시간. 그 하루가 주는 포근한 용기야말로 이날의 가장 큰 선물이다.

어떤 이름은 미안함과 함께 떠오르고, 어떤 이름은 아물지 않은 후회의 흔적을 동반한다. 또 어떤 이름은 말하지 못한 사랑으로 가슴에 남아 있기도 하다. 하지만 결국 그 모든 감정은 하나의 마음으로 모인다. "당신을 여전히 기억하고 있다." 그 마음이면 충분하다.

'무지개 피는 날'은 그런 마음을 조용히 꺼내어, 망설였던 손길을 건넬 수 있는 시간이다. 한동안 불리지 않았던 이름도,

어느 순간 입에 담으면 마치 어제 만났던 것처럼 선명해진다. 무지개가 흐린 하늘 뒤에도 피어나듯, 이름도 마음의 햇살을 만나면 다시금 그 자리에 선다. 이날은 우리 안에 잠들어 있던 소중한 이름들을 깨우고, 그 이름에 담긴 마음을 서로에게 건네는 시간이다.

그것이 바로 무지개가 피어나는 이유이며, 이날을 기다려야 하는 이유다.

멈췄던 시간, 관계를 회복하는 날

누구나 마음속 어딘가에 시간이 멈춘 자리를 하나쯤 품고 살아간다. 그 자리는 때로는 끝내 전하지 못한 작별 인사일 수도 있고, 오해를 풀지 못한 채 멀어진 만남의 그림자일 수도 있다. 분명 함께한 시간이 있었지만, 어느 순간 흐름은 멈췄고 관계는 멀어졌다. 그러나 멈춘 시간 속에도 완전히 사라지지 않는 것이 있다. 바로 그 안에 여전히 남아 있는 마음이다.

사람은 살아가며 다양한 감정을 겪는다. 기쁨과 설렘, 후회와 미안함, 그리고 말로 표현하지 못한 채 마음속에 눌러 담은 감정들이다. 이러한 감정들은 흘러가지 못하고 어느 순간 시간 속에 얼어붙는다.

　연락이 끊어진 친구, 사소한 다툼으로 멀어진 이웃, 혹은 이사, 진학, 이직, 결혼 같은 삶의 변화 속에서 자연스럽게 멀어진 누군가도 있다. 그들과의 기억은 멈춘 장면처럼 마음 한구석에 고정되어 있으며, 시간이 지나도 쉽게 지워지지 않는다.

　이상하게도, 멈춰버린 순간은 의외로 생생하다. 마지막으로 웃었던 장면, 나눴던 말 한마디, 손을 흔들던 뒷모습 같은 기억들이 여전히 선명하게 떠오른다. 하지만 너무 오래되어 버린 느낌은 작은 움직임조차 주저하게 만든다. 어색해질까 염려되고, 괜히 선을 넘는 것은 아닐까 망설인다.

　'무지개 피는 날'은 이러한 망설임 앞에서 한 걸음 내딛는 시간을 만들어주는 날이다.

　"그동안 말하지 못했지만, 마음만은 늘 그 자리에 있었다." 이 한마디는 침묵의 시간에 숨을 불어넣는 시작이 된다. 묵혀둔 인사, 저장된 채 꺼내지 못했던 연락처, 눈으로만 바라봤던 이름. 이 모든 것들이 '무지개 피는 날'에는 행동이 되고, 마음이 된다.

　관계를 회복하는 일은 거대한 사건이 필요한 것이 아니다. 단지 "잘 지냈어?"라고 건네는 짧은 말이면 충분하다. 선물보다 더 소중한 것은 진심으로 우러나는 마음의 움직임이다. '무지개 피는 날'은 그 작은 시작을 가능하게 하는 하루이다. 누군가와의 시간이 멈췄던 자리에 마음을 다시 데려가 보는 것만으로도 충분하다. 직접 만나지 못해도 좋고, 기억 속 풍경 안에서 떠올려보는 것도 의미 있다. 그 사람과 함께 웃었던 날들을 다시 마음에 그려보고, 끝났다고 생각했던 인연에 가능성을 열어두는 것, 그것이 변화의 시작이다.

무지개는 언제나 흐렸던 하늘 끝에서 피어난다. 어둠이 걷히고 빛이 스며드는 자리, 하늘은 그곳에 가장 아름다운 다리를 놓는다. 우리의 마음도 그렇다. 멈췄다고 믿었던 자리에 따뜻한 기억과 용기가 스며들면, 그곳은 다시 살아나는 지점이 된다. '무지개 피는 날'은 그 빛이 머무는 순간을 함께 열어가는 날이다.

이어지는 손길, 마음을 잇는 시작

삶을 살아가다 보면, 우리는 누군가의 손을 놓게 되는 순간을 맞이한다. 그 이별이 의도된 것이든, 자연스럽게 멀어진 것이든, 혹은 마음에 생긴 상처 때문이든, 손을 놓는다는 것은 곧 관계가 멈췄다는 신호이다. 하지만 놓쳤다고 해서 끝난 것은 아니다. 잡지 못했던 손을 마주할 기회는 언제든 찾아올 수 있다. '무지개 피는 날'은 그 가능성을 용기 있게 꺼내 보는 날이다. 손은 말보다 깊은 언어를 가진다. 말로 다 전하지 못한 감정, 눈빛으로는 부족한 마음이 손끝을 통해 전해지곤 한다.

　우리는 어린 시절 부모의 손을 붙잡고 세상을 배웠고, 친구의 손을 잡으며 뛰놀았으며, 사랑하는 이의 손을 잡고 함께 걷던 길 위에서 위로와 다짐을 나누었다. 하지만 살아가며 우리는 때때로 그 손을 놓는다. 사소한 오해, 멀어진 거리, 바쁜 일상 속에서 천천히 흐려지는 관계. 그렇게 놓친 손은 시간이 지날수록 어색함 속에서 더욱 멀어지곤 한다. '므지개 피는 날'은 마음을 담은 손길을 내밀 수 있는 특별한 순간이다.

　말보다 먼저 가닿는 인사, 따뜻한 눈맞춤 작은 선물, 함께하는 식사―그 모든 것들이 손을 내미는 새르운 방법이 된다. 그 손길은 과거로 되돌아가자는 것이 아니라, 지금 이 자리에서 마음을 열겠다는 표현이다. "오랜만이야, 잘 지냈지?", "생각났어." 짧은 말 한마디가 관계의 문을 열고, 멀어진 거리를 조금씩 좁힌다.

　어떤 인연은 오래도록 마음속에 머물러 있다. 용서를 전하고 싶었지만 망설였고, 다가가고 싶었지만 용기가 부족했다.

'무지개 피는 날'은 그 기다림을 끝내고 기회를 만들어준다. 멈춰 있던 마음에 이유를 만들어주고, 마음을 전할 명분이 되어준다. 이날은 누구도 그 손길을 거절하지 않고, 누구도 주저하지 않는 날이 되기를 바란다. 어느 쪽에서도 부끄럽지 않은 시작이 가능하도록, 우리 모두에게 열린 시간이 되어야 한다.

손을 맞잡는다는 건 단순히 육체적인 접촉이 아니다. 그것은 서로 다른 삶을 하나의 마음으로 이어가는 행위이다. 그 손길 하나에 오래된 오해가 풀리고, 멈춰 있던 감정이 움직이며, 닫혀 있던 마음이 서서히 열리기 시작한다. '무지개 피는 날'은 우리에게 묻는다. 지금껏 얼마나 많은 손을 놓고 살아왔는가, 그리고 다시 이어야 할 인연은 누구인가. 무지개는 하늘의 한쪽 끝에서 시작해 다른 끝으로 뻗어간다. 색이 겹치고 어우러지며 아름다움을 이루듯, 사람과 사람 사이의 관계도 서로를 향해 연결될 때 깊은 감동을 연출하게 된다. '무지개 피는 날'은 끊어진 손길을 맞잡고, 그 연결에서 새로운 희망을 꿈꾸는 날이다. 손을 건네는 그 작은 시작, 바로 그것이 무지개가 떠오르는 첫 순간이 된다.

용서로 이어지는 만남

용서는 단순한 말이 아니다. 그것은 관계의 회복을 위한 가장 위대한 결단이며, 깊은 상처 위에 다시 다리를 놓는 용기이다. 삶을 살면서 누구나 크고 작은 다툼과 오해를 겪는다. 때로는 말 한마디가 칼날처럼 날카로워 관계를 끊고, 어떤 상황은 설명조차 없이 마음을 닫게 만든다. 그런 상황 속에서 '무지개 피는 날'은 용서의 시작이 되는 날이다.

용서는 '잘못을 잊는 것'이 아니라 '다시 만남을 선택하는 것'이다. 그것은 상대방을 위한 것처럼 보이지만, 실은 나 자신을 위한 일이기도 하다. 미움은 마음을 무겁게 만들고, 상처는 삶의 한 귀퉁이를 얼어붙게 만든다. 용서를 선택하는 순간, 우리는 그 무게를 내려놓고, 얼어붙은 부분에 따뜻한 빛을 비추게 된다. '무지개 피는 날'은 그런 따뜻한 변화가 일어나는 날이 된다.

용서는 때로 말없이 시작된다. "괜찮아. 그럴 수도 있었어.", "지금이라도 연락해 줘서 고마워.", "잘 지내자." 이런 짧고 조용한 말들이 마음속에 고여 있던 감정을 녹인다. '무지개 피는 날'은 그런 말들이 더는 어색하지 않은 날이다. 상처를 주고받았던 두 사람이 다시 눈을 마주치고, 서로의 존재를 인정

용서는 때로 말없이 시작된다. "괜찮아, 그럴 수도 있었어.", "지금이라도 연락해 줘서 고마워.", "잘 지내자." 이런 짧고 조용한 말들이 마음속에 고여 있던 감정을 녹인다. '무지개 피는 날'은 그런 말들이 더는 어색하지 않은 날이다. 상처를 주고받았던 두 사람이 다시 눈을 마주치고, 서로의 존재를 인정하는 순간, 그 자리에 무지개가 피어난다.

하는 순간, 그 자리에 무지개가 피어난다.

　우리는 모두 완벽하지 않다. 관계 속에서 상처를 주기도 하고, 받기도 한다. 중요한 것은 그 후에 어떤 선택을 하느냐는 것이다. '무지개 피는 날'은 용서를 선택할 수 있는 하루를 만든다. 용서는 연약함이 아니라 강함의 표시이며. 마음을 비우는 것이 아니라 마음을 다시 채우는 일이다. 이날은 그런 용기를 응원하고, 그 결정을 따뜻하게 안아주는 날이다.

　용서는 상대방이 먼저 용서를 구할 때에만 가능한 것이 아니다. 때로는 우리가 먼저 마음을 열어야 하며, 먼저 손을 내밀어야 한다. 용서를 시작하는 첫걸음이 서로의 마음을 여는 것이다. '무지개 피는 날'은 그 첫걸음을 허락해 주는 날이고, '먼저 다가가도 괜찮다'는 것을 말해주는 날이다. 그것만으로도 삶은 이전보다 훨씬 가볍고 따뜻해질 수 있다.

　무지개는 비가 온 뒤에야 피어나듯 상처도, 눈물도, 아픔도 지나간 뒤에야 우리는 그 의미를 되새길 수 있다. '무지개 피는 날'은 상처 위에 다시 피어나는 무지개다. 용서라는 말이 아직은 어렵더라도, '다시 만나고 싶다.'는 그 마음 하나만으로도 충분하다. 이날, 우리는 그 마음을 용기로 바꾸고, 용서를 통해 새로운 만남을 시작할 수 있다. 그것이 '무지개 피는 날'이 우리에게 전하는 가장 깊은 메시지다.

인사로 시작되는 작은 기적

모든 관계의 시작에는 언제나 가벼운 인사가 있다. "안녕하세요?", "오랜만이에요.", "잘 지내셨어요?"라는 짧고도 익숙한 그 말들은 낯선 거리를 줄이고 마음과 마음 사이를 잇는 다리가 된다. 우리는 수많은 만남을 인사로 열지만 때로는 작별의 순간조차 아무 말 없이 지나치곤 한다.

'무지개 피는 날'은 그렇게 놓쳐버린 인사를 기쁘게 되돌려주는 하루로, 망설였던 한마디가 닫힌 마음을 여는 열쇠가 되고, 멈춰 있던 감정의 흐름을 다시 움직이게 만드는 시간이 된다.

오랫동안 연락이 끊긴 친구나, 서운함이 켜켜이 쌓여 멀어진 가족, 이유 없이 멀어진 지인에게 말을 건네는 일은 생각보다 큰 용기가 필요하다. '혹시 어색하지 않을까?', '지금 와서 괜찮을까?', '답장이 없으면 어쩌지?'라는 수많은 질문이 마음을 가로막지만, 그 주저함을 넘는 순간에 인사는 비로소 상대방에게 도달하게 된다.

'무지개 피는 날'은 그 조심스럽고 떨리는 마음을 응원한다. 한마디 인사는 단순한 말이 아닌 "나는 여전히 너를 기억해."라는 따뜻한 진심과 "우리 사이가 완전히 멀어지지 않았으면 좋겠어."라는 소망을 담고 있는 마음의 시즈-점이 된다. 예전처럼 가까워지지 않아도 좋고, 돌아가지 않아도 괜찮다. 단지 한 번의 인사만으로도 관계는 새로운 숨을 쉬기 시작하고, 다시 이어질 수 있는 희망을 품게 만든다. 이날은 '관계 회복'이라는 거창한 이름보다 '인사 한 번으로 마음을 여는 날'이라는 작고 진실한 의미에 더 가까운 날이고, 긴 대화보다 조용히 건네는 "안녕하세요?" 한 마디가 더 깊은 울림이 되어 서로의 마음을 움직이게 하는 날이다.

생활이 바빠질수록 우리는 인사를 생략하고 마음을 나누는 일을 미루며 하루하루를 지나치듯 살아가지만, 그날만큼은 잠시 걸음을 멈추고 놓쳐왔던 사람에게 눈을 맞추고 손을 내밀어 보자. 그리고 한때 소중했던 사람에게 "잘 지내셨어요?", "생각나더라고요.", "문득 연락드리고 싶었어요."라는 진심 어린 인사를 건네보자.

무지개는 멀리서 보면 찬란한 빛의 다리처럼 보이지만, 그 시작은 아주 작은 햇살 한 줄기에서 비롯된다. 인사도 마찬가지로 작고 수줍은 마음이 누군가의 가슴속에 새로운 빛이 되며, '무지개 피는 날'은 그 시작을 가능하게 해주는 따뜻한 하루가 된다. 먼저 건네는 인사 한마디가 누군가에게는 간절히 기다렸던 안부가 되고, 또 다른 누군가에게는 삶을 다시 견디게 해주는 희망이 되지 않을까. 그 하루 동안 나눈 인사가 사람과 사람 사이를 다시 이어주는 소중한 기적이 될 수 있으리라 기대해본다.

무지개 아래, 함께 웃는 순간

사람과 사람 사이의 진정한 회복은 말로 설명되는 것이 아니라, 마음이 열리고 눈빛이 닿으며 함께 웃을 수 있을 때 비로소 완성된다. 오래도록 이어졌던 침묵과 풀리지 않은 오해, 그리고 말 못할 상처와 멀어진 거리를 넘어 누군가를 향해 조심스럽게 다가가 인사를 건네고 따뜻하게 손을 맞잡는 그 순간, 우리 사이에 남는 것은 서로를 바라보며 나누는 한 조각의 미소이다.

'무지개 피는 날'은 바로 그 미소가 다시 피어나는 날로, 잊고 지낸 인연과 눈을 맞추고 멀어진 관계가 서서히 다가오며, 말보다 먼저 표정이 풀리고 마음이 부드러워지는 시간을 만들어준다. 대단한 사과나 변명 없이도 서로의 존재를 바라보고 인정하는 그 따뜻한 흐름 속에서, 우리는 사람과 사람 사이의 거리가 줄어들고 있음을 느낄 수 있다.

누군가와 함께 웃는다는 건 마음속 경계가 무너진다는 신호이다. 멈춰 있던 관계의 선이 조금씩 이어지고 있다는 증거이고, 그 웃음 안에는 말로 다 표현할 수 없는 용서와 이해, 그동안 전하지 못했던 미안함과 여전히 남아 있는 그리움이 녹아 있다. '무지개 피는 날'은 그러한 모든 마음을 담아 조용히 웃음을 나누는 순간들을 우리에게 선물해 주는 날이다.

우리는 그날, 굳이 말을 하지 않아도 서로를 바라보며 마음속으로 이렇게 말한다 "괜히 멀어졌었지.", "그때는 내가 부족했지.", "이렇게 다시 만나니 참 좋네." 그런 마음들이 오가는 가운데, 말보다 더 따뜻한 미소가 자연스럽게 피어난다. 우리 사이에 놓였던 벽은 어느새 사라지고, 함께 웃을 수 있다는 사실 하나만으로도 우리는 서로를 향한 사랑과 신뢰를 다시 느끼게 되는 것이다.

웃음은 마음이 열릴 때 가장 먼저 나타나는 표현이며, 조건도 계산도 없이 그저 함께 있는 것으로 충분하다는 믿음을 담고 있다. 바쁜 일상 속에서 점점 잊고 살았던 그 소중한 따뜻함은 비로소 삶에 있어 무엇이 가장 중요한 것인지 다시금 깨닫게 한다. '무지개 피는 날'은 바로 그 웃음을 다시 찾아가는 날이다. 누군가와 함께 웃을 수 있다는 것은 희망을 다시 품는 일이자, 과거의 오해와 아픔을 잠시 내려놓고 현재의 따뜻함을 받아들이며 미래의 가능성에 마음을 여는 용기이다. "우리 예전처럼 지낼 수 있을까?"라는 질문이 머릿속을 맴돌 때, 그에 대한 대답이 말이 아닌 웃음으로 전해질 수 있다면, 그것은 이미 새로운 시작의 문이 열리고 있음을 의미하는 것이다.

우리의 삶은 관계의 연결로 이루어진 그물망과 같아 손을 잡고, 마음을 나누며, 함께 시간을 쌓아가는 과정은 단지 인간관계를 넘어서 공동체로서 살아가는 회복의 여정이다. '무지개 피는 날'은 개인의 마음을 다독이는 것에서 나아가 사회 전체의 정서적 온도를 끌어올리고, 잊고 지내던 공동체의 온기를 되살리는 소중한 기회다.

그날 우리는 오랜만에 만난 사람과 어깨를 나란히 하고, 같은 하늘을 바라보며 웃자. '그동안 멀어졌던 시간이 꼭 헛된 것만은 아니었구나.', '지금 이렇게 웃고 있으니 참 다행이야.'라는 생각이 이해와 포용의 새로운 문을 열어준다. 그리고 그 생각은 앞으로 더 자주, 더 넓은 마음으로 서로를 안아줄 수 있는 계기가 된다.

무지개는 언제나 하늘의 한쪽 끝에서 다른 끝으로 뻗어가는 아름다운 색의 다리처럼 피어난다. 사람과 사람 사이의 관계도 그렇다. 서로를 향해 이어질 때 가장 따뜻하고 의미 있는 모습을 보여준다. '무지개 피는 날'은 바로 그 끊어진 다리를 이어주며 마음과 마음을 하나로 엮는 하루로, 내민 손끝에서 피어난 웃음 하나가 또 다른 이에게 전해지고, 그렇게 퍼져나간 미소들이 모여 세상은 조금 더 부드러워지고, 우리의 일상은 한층 더 따뜻해진다.

결국, 우리가 '무지개 피는 날'을 기다리는 이유는 크고 거창한 무언가가 아니라, 바로 그날 누군가와 함께 웃을 수 있기 때문이며, 그 웃음은 상처를 씻어내는 힘이 되고, 멈춰 있던 마음을 움직이는 바람이 되며, 서로를 다시 사랑하게 만드는 새로운 빛이 되기 때문이다. 그러기에 그 하루를 마음에 품고 기다리는 사람의 가슴에는 이미 무지개가 피어난 것이나 마찬가지다.

사랑은 계절처럼 피고 지며, 머물다 떠나고, 또 언젠가는 돌아오는 순환 속에서 우리에게 사랑의 본질이 무엇인지를 세심하게 가르쳐 준다. 한때는 삶을 뜨겁게 물들였던 감정이 시간이 흐르면서 식고 멀어져, 어느 순간에는 끝난 듯 보이기도 하지만, 사랑은 그렇게 쉽게 사라지지 않는다. 눈에 보이지 않아도 마음 깊은 곳에서 조용히 숨 쉬며 언젠가 피어날 날을 기다리고 있으며, '무지개 피는 날'은 그 기다림이 빛으로 피어나는 순간을 맞이하는 날이다.

제5장

멀어진 인연, 다시 이어지는 시간

그리움이 만남이 되는 용기 있는 하루

 사람이 사람을 가장 그리워하게 되는 순간은 함께할 수 없는 날에 찾아온다. 더 이상 볼 수 없는 얼굴이 마음속에서 더 선명해지고, 전하지 못한 말 한마디가 가슴에 오래 남아 밤잠을 뒤척이게 할 때, 우리는 누군가를 향한 사랑이 얼마나 깊고 간절했는지를 뒤늦게 실감하게 된다. '무지개 피는 날'은 그런 그리움이 멈춰 있는 것이 아니라 움직이기 시작하게 한다. 전하지 못한 진심을 품은 채 멀어진 인연을 향해 조심스레 다가가고, 말하지 못했던 이름을 다시 떠올리며 마음속에서 문을 열어보는 하루다.

 우리는 살아가면서 여러 가지 이유로 사랑하는 사람들과 멀어진다. 그 거리는 물리적인 공간일 수도 있고, 삶의 방향이 달라지면서 생긴 시간의 틈일 수도 있다. 때로는 서로에게 말하지 못한 감정이 엇갈리며 생긴 오해일 수도 있지만, 관계가 멀어졌다고 해서 마음도 등을 돌린 건 아니라는 사실은 더욱 가슴에 남는다. 그러나 마음은 여전히 그 사람을 향해 있고, 우리가 하지 못한 인사 한마디, 전하지 못한 마음 한 조각이 마음속 어딘가에서 머물고 있다면 '무지개 피는 날'은 그 멈춰 있었던 감정에 작은 용기를 더해 말과 행동으로 전하는 기회를 마련해 주는 날이다.

사랑은 표현되어야 살아 있으며, 마음속 깊은 곳에 감춰둔 감정도 말 한마디, 짧은 인사, 따뜻한 눈빛 같은 아주 작은 행동을 통해 비로소 전달된다. 아무리 간절한 사랑이라도 표현하지 않으면 시간이 흐를수록 서로의 마음은 닿지 못한 채 점점 희미해지기 마련이다. 그러나 많은 사람들은 그 마음을 쉽게 꺼내지 못하고, 부끄러움과 두려움, 그리고 자존심이라는 이름의 장벽으로 진심을 가로막는다. 사랑하는 사람을 향한 발걸음을 멈추게 만들고, 나중에야 후회와 그리움 속에서 그 순간을 되돌아보게 된다.

'무지개 피는 날'은 그런 마음을 다시 꺼내어 볼 수 있는 용기를 주는 날이다. 감추고 있던 진심을 바라보고, 그 감정이 아직 내 안에 살아 있다는 사실을 인정하며, 아주 작고 조용한 방식으로라도 표현할 기회를 마련해주는 날이다. 이날은 누군가에게는 오래전 첫사랑을 다시 떠올리는 시간이 될 수도 있고, 한때 가까웠던 친구와의 추억을 다시 마주하는 순간이 될 수도 있다. 어떤 이에게는 이미 세상을 떠난 누군가를 향해 그리움과 감사의 마음을 조용히 전하는 시간이 될 수도 있지만, 중요한 건 그 사랑이 지금도 가슴 속 어딘가에 살아 있다는 사실을 스스로 확인하는 데 있다.

사랑은 만남에서 시작되고, 이별을 통해 성숙해지며, 관계가 다시 이어질 수 있는 순간에 비로소 온전한 형태로 완성된다. '무지개 피는 날'은 그러한 사랑의 완성을 향해 한 걸음 내딛게 하는 시간이다. "그동안 잘 지냈어?", "문득 생각났어.", "언제 한 번 얼굴 보자."와 같은 짧은 인사 한마디가 마음의 문을 여는 열쇠가 되고, 오래 멈춰 있던 관계를 다시 흐르게 하는 시작점이 된다. 무지개가 어둠과 빛이 맞닿는 순간 하늘에 피어나듯, 사람 사이의 사랑도 두 마음이 조심스럽게 다시 마주하는 그 경계에서 피어오르며, 그 따뜻한 순간은 어떤 말보다도 진한 감정의 파동으로 서로를 감싸게 된다.

'무지개 피는 날'은 사랑의 진심을 되찾는 날이기도 하다. 단지 연인 사이에만 국한되지 않는다. 부모와 자식, 형제자매, 오랜 친구, 스승과 제자까지 삶 속에서 소중했던 모든 관계를 돌아보며, 그 안에 깃든 사랑을 한 번 더 따뜻하게 돌아보는 날이 된다. 멀어진 마음을 다시 꺼내 보고, 놓친 인연도 소중히 여겨보며, 그 마음을 향해 걸어가려는 의지를 품는 것만으로도 충분히 의미 있는 하루가 되는 것이다. 그 끝에서 미소를 나눌 수 있다면, 말없이 전해지는 사랑은 다시금 살아나 우리를 더 깊고 넓은 사람으로 만들어준다.

'무지개 피는 날'은, 그렇게 말하지 못했던 사랑을 꺼내고, 멈춰 있던 마음을 움직이며, 한 번의 눈맞춤과 웃음으로 이어지는 하루이다. 그 하루는 누군가의 인생에서 오래도록 기억될 만큼 따뜻하고 소중한 빛으로 남는다.

멀어졌던 사랑, 마음으로 이어지는 날

사랑은 우리 삶의 가장 깊은 곳에 조용히 머물며, 누군가를 향한 따뜻한 시선이 되고, 말없이 건네는 위로가 되며, 살아갈 이유가 되어주는 동시에 때로는 가장 아픈 상처가 되기도 한다. 믿었던 사람과의 이별, 서운함으로 멀어진 관계, 바쁜 삶에 밀려 전하지 못한 마음들이 점점 마음의 굳을 닫게 만들고, 결국 사랑은 벽이 되어 우리를 스스로 고립된 자리로 이끌기도 한다. '무지개 피는 날'은 그렇게 멀어졌던 사랑의 자리를 다시 들여다볼 수 있는 하루로, 이미 끝났다고 여겨졌던 감정도, 오랜 시간 말이 오가지 않았던 인연도, 한때 함께 웃던 기억만으로도 여전히 마음속 어딘가에서 숨 쉬고 있음을 인정하게 된다. 떠올리는 것만으로도 그 사람이 내 안에 살아 있다는 사실을 깨닫는 순간, 우리는 멈춰 있던 마음에 서서히 빛이 스며드는 걸 느끼게 된다.

사랑을 향해 다시 마음을 열기란 쉬운 일이 아니다. "이제 와서 괜찮을까?", "너무 늦은 건 아닐까?"와 같은 물음들이 자꾸만 망설이게 만들어 아무 일도 하지 않고 시간에 모든 것을 맡긴 채 지나버린 날들이 많았겠지만, 무지개가 비와 햇살이 함께 만날 때 피어나듯, 흐린 기억 위에 조심스럽게 더해보는 작은 용기 하나가 사랑이라는 빛을 다시 불러올 수 있다. '무지개 피는 날'은 그런 작은 시작을 응원하는 날로, "잘 지냈어?", "그동안 미안했어.", "네 생각이 날 때가 있어."와 같은 짧은 말 한마디는 결코 가벼운 것이 아니다. 그것은 전하지 못한 진심의 언어이고, 오랫동안 쌓인 마음을 건너갈 수 있는 다리가 된다. 중요한 것은 예전으로 돌아가는 것이 아니라, 지금의 우리는 그때보다 더 성숙해졌고, 더 많이 이해할 줄 알게 되었고, 무엇보다 서로를 대하는 태도 안에 더 많은 너그러움이 깃들게 되었다는 사실이다.

사랑은 같은 모습으로 피어나지는 않지만, 이전보다 더 깊고 단단한 색으로 우리 곁에 돌아올 수 있다. '무지개 피는 날'은 그 사랑이 아직도 내 안에 살아 있다는 것을 인정하며, 전하지 못했던 감사와 미안함, 꺼내지 못했던 고백을 마음에 담아 조용히 건넬 수 있는 시간이다. 서툴지만 진심이 담긴 그 한마디가 새로운 관계의 문을 열어줄 수 있고, 다시 이어진 사랑은 처음보다 뜨겁지 않더라도 훨씬 더 오래 머물고 깊이 스며든다. 끝난 줄 알았던 마음은 사실 기다리고 있었던 것이고, '무지개 피는 날'은 그 기다림에 따뜻하게 답할 수 있는 하루가 되어주는 것이다.

떠난 사람을 향한 인사

삶을 살아가다 보면 우리는 종종 원치 않은 이별과 마주하게 된다. 그 이별은 언제나 예고 없이 다가와 준비할 틈조차 주지 않고 우리의 마음을 비워내고 떠나간다. 사랑하는 사람을 보내야 한다는 것은 몸이 멀어지는 문제가 아니라, 마음 한편이 텅 비는 아픔이고, 익숙했던 일상의 풍경 속에서 그 사람의 부재는 상실감으로 다가와 우리를 깊은 침묵에 잠기게 한다.

'무지개 피는 날'은 그러한 상실을 가만히 꺼내어 바라볼 수 있는 날이다. 이미 이 세상에 존재하지 않아도 여전히 마음속에서 숨 쉬는 그 사람에게 조용한 인사를 건넬 수 있도록 마음을 열어주는 시간이다. 함께 웃고 울며 미래를 이야기하던 순간들은 이제 사진 속에, 기억의 조각 속에, 그리고 잠결의 꿈처럼 흐릿한 장면으로만 남아 있지만, 우리는 여전히 그 이름을 마음속에서 부르고 있다. 어느 조용한 밤이나 문득 하늘을 올려다보게 되는 순간마다 속으로 "잘 지내고 있니? 나는 그럭저럭 견디고 있어."라고 속삭이면서.

하지만 그렇게 마음속으로만 전하는 인사는 어쩌면 더 외롭고 더 아린 감정으로 남아, 닿을 수 없는 대상에게 보내는 말이기에 더욱 조심스럽고 머뭇거리게 된다. '무지개 피는 날'은 그런 망설임을 포근함으로 바꾸어주는 하루다. 소리 내어 말하지 않아도 되는 그 말들이 조용히 가슴속에서 피어나도록 허락해 주는 날이며, 떠난 사람을 향한 짧은 문장이 어딘가에 분명 닿고 있으리라는 믿음을 품고 우리는 속으로 한 마디 더 얹게 된다. "당신이 그립습니다. 보고 싶습니다."

그 사람을 떠나보냈다는 사실을 받아들이는 것은 시간이 걸리는 일이기에, 인사를 건넨다는 행위는 결국 스스로 다독이는 방식이 되기도 한다. 떠났다는 것을 온전히 받아들이지 못한 채 빈 자리를 바라보며 살아가는 우리에게, 조용히 말 한마디 건넨다는 것은 이제 그 자리를 따뜻한 기억으로 채워가겠다는 마음의 다짐이 되기도 한다. '무지개 피는 날'은 눈물 대신 미소로, 슬픔 대신 감사로 마음을 전환할 수 있는 작고 소중한 기회를 선물하는 하루이다.

떠나간 이들은 우리에게 많은 것을 남기고 가며, 함께했던 날들, 끝내 하지 못한 말, 그리고 배워온 사랑의 방식들이 지금 우리의 삶 안에 살아 숨 쉬고 있다. '무지개 피는 날' 우리는 그 모든 것에 대해 감사의 마음을 담아 인사를 전할 수 있으며, "당신이 내 인생에 있었기에 오늘의 내가 이렇게 버틸 수 있었어요."라는 그 말 한마디로도 우리는 한 걸음 더 나아갈 힘을 얻는다.

그 인사는 때로는 가슴 저리고, 때로는 따뜻하며, 그것은 이별을 받아들이는 여정이자, 언젠가 다시 만날 수 있을 거라는 소망을 담은 마음이다. 신앙이 있는 이는 하늘나라에서의 재회를 꿈꾸고, 누군가는 추억 속에서 함께 걷는 동행을 떠올린다. 중요한 건 그 마음이 여전히 생생하게 살아 있다는 사실이고, '무지개 피는 날'은 그 살아 있는 감정을 감추지 않고 조용히 꺼내어 볼 수 있도록 허락받는 날이다.

사랑은 시간이 지나도 사라지지 않고 기억을 통해 이어지

사랑은 시간이 지나도 사라지지 않고 기억을 통해 이어지고, 추억 속에서 자라며, 삶을 지탱해주는 새로운 이유가 되어준다.

"당신을 사랑합니다. 오늘도 당신이 그립습니다. 고맙습니다. 잘 계세요."

그 인사는 바람을 타고 햇살을 지나 구름 너머 어딘가로 닿게 될 것이며, 그날의 하늘에는 어김없이 무지개가 피어오를 것이다. 그것은 사랑이 여전히 살아 있다는 증거이며, 떠남이 끝이 아니라는 믿음을 우리 안에 다시 피어나게 하는 희망의 빛줄기가 되어줄 것이다.

고, 추억 속에서 자라며, 삶을 지탱해주는 새로운 이유가 되어주기에, 이날은 떠난 사람을 향한 사랑이 지금도 이어지고 있다는 사실을 확인할 수 있는 하루이다. 그 순간 우리는 가슴속 깊이 남아 있는 이름을 조용히 불러보며, 이렇게 말할 수 있다.— "당신을 사랑합니다. 오늘도 당신이 그립습니다. 고맙습니다. 잘 계세요." 그 인사는 바람을 타고 햇살을 지나 구름 너머 어딘가로 닿게 될 것이며, 그날의 하늘에는 어김없이 무지개가 피어오를 것이다. 그것은 사랑이 여전히 살아 있다는 증거이며, 떠남이 끝이 아니라는 믿음을 우리 안에 다시 피어나게 하는 희망의 빛줄기가 되어줄 것이다.

사랑은 부활을 기념하는 날

사랑은 계절처럼 피고 지며, 머물다 떠나고, 또 언젠가는 돌아오는 순환 속에서 우리에게 사랑의 본질이 무엇인지를 세심하게 가르쳐 준다. 한때는 삶을 뜨겁게 물들였던 감정이 시간이 흐르면서 식고 멀어져, 어느 순간에는 끝난 듯 보이기도 하지만, 사랑은 그렇게 쉽게 사라지지 않는다. 눈에 보이지 않아도 마음 깊은 곳에서 조용히 숨 쉬며 언젠가 피어날 날을 기다리고 있으며, '무지개 피는 날'은 그 기다림이 빛으로 피어나는

무지개는 비가 내린 뒤에야 하늘에 떠오르듯, 사랑 또한 아픔과 그리움, 후회와 침묵의 시간을 지나야 피어난다. 그렇게 다시 피어난 감정은 처음보다 더 귀하고, 그 존재만으로도 우리를 깊이 울리는 이유가 된다.

순간을 맞이하는 날이다. 그 감정이 다시 깨어난다는 것은 마치 기적처럼 느껴진다. 멀어졌던 마음이 조심스럽게 가까워지고, 미처 전하지 못했던 진심이 닿고, 상처로 남아 있던 기억이 이해로 물들어가는 과정에서 우리는 사랑의 힘을 체감하게 된다. 상황이 변하고 시간이 흘러도 마음의 깊은 곳에 자리한 감정은 쉽게 바래지 않으며, '무지개 피는 날'은 그 진심이 다시 빛을 내는 하루가 될 것이다.

사랑이 제자리로 돌아올 수 있는 이유는 서로를 완전히 잊지 않았기 때문이다. 연락처를 지우지 못하고, 오래된 사진을 버리지 못하고, 함께 듣던 노래를 여전히 찾아 들으며, 문득 떠오르는 얼굴을 마음 한편에 묻어두고 살아가는 그 모든 흔적은 사랑이 아직 내 안에서 살아 있다는 증거이다. 이날은 그 마음을 꺼내어 조용히 마주할 기회를 준다.

시간이 지나면서, 피어났던 사랑은 예전과는 전혀 다른 모습으로 다가온다. 더 조심스럽고 더 단단해진 감정으로 스며들고, 설렘보다는 이해와 배려가 자리하고, 말보다는 침묵 속의 공감이 더 많은 것을 전해준다. 함께한 시간만큼 쌓인 믿음이 사랑을 더 깊고 진실한 모습으로 이끌어 무지개가 한 번 뜨고 끝나지 않듯, 사랑 또한 새로운 모양으로 얼마든지 시작될 수 있음을 보여주는 순간이다. 그러한 시작은 단순한 재회를 넘어선 의미를 지니고 있으며, 상처를 안은 채 살아온 마음이 다시 용기를 되찾는 과정이고, "내가 사랑받을 수 있을까?", "나는 또 누군가를 사랑할 수 있을까?"라는 질문 앞에서 작게나마 고개를 끄덕일 수 있도록 만들어주는 날이다. '무지개 피는 날'은 바로 그런 가능성을 열어주는 날로, 자신에게 사랑할 수 있는 자격을 허락하며, 마음의 문을 다시 여는 시간이다.

　무지개는 비가 내린 뒤에야 하늘에 떠오르듯, 사랑 또한 아픔과 그리움, 후회와 침묵의 시간을 지나야 피어난다. 그렇게 다시 피어난 감정은 처음보다 더 귀하고, 그 존재만으로도 우리를 깊이 울리는 이유가 된다. '무지개 피는 날'은 그런 사랑의 부활을 기념하는 날이자, 멈춰 있던 삶의 흐름을 다시 따뜻하게 적시는 날이 되고, 그 시작은 대단한 고백이 아니라 조심스럽게 묻는 안부, 가만히 건네는 인사 한마디, 혹은 미소 섞인 눈맞춤으로도 충분하다.

　우리 마음속 어딘가에서, 잊은 줄 알았던 기억의 틈에서, 아니면 여전히 이 세상을 함께 살아가는 누군가의 손길에서 사랑은 준비를 마친 채 조용히 피어나기를 기다리고 있다. '무지개 피는 날' 그 순간이 찾아오면 우리는 분명 알게 된다—끝났다고 생각했던 감정이 사실은 단 한 번도 사라진 적 없었고, 바로 이 순간에도 여전히 내 안에서 숨 쉬고 있음을.

마음이 닿는 순간, 연결은 시작된다

 삶에서 가장 깊은 감동은 마음과 마음이 다시 이어지는 바로 그 순간에 깃들어 있다. 오랜 침묵과 오해, 풀리지 않은 감정들과 지나간 상처들이 마치 두 사람 사이에 놓인 커다란 강처럼 느껴질 때, 그것을 건너 마음을 향해 손을 내민다. 그것은 단순한 재회의 의미를 넘는다.

 '무지개 피는 날'은 그 마음의 강을 건널 수 있는 다리를 놓는 날로, 물리적인 거리보다 더 멀게만 느껴졌던 정서적 틈을 좁혀줄 수 있다. 함께 있어도 멀게 느껴졌던 관계 속에서 "사실은 나도 너를 생각하고 있었어."라는 한마디가 닿을 수 있도록, "언제나 마음은 네 곁에 있었어."라는 말이 허락되는 하루가 된다. 오랜만에 걸려온 한 통의 전화, 머뭇거리며 꺼낸 미안하다는 말, 우연한 자리에서 눈을 맞추며 피어나는 웃음—그 모든 사소한 순간이 사실은 마음의 문을 여는 시작이 된다. 우리는 종종 너무 늦었다고 생각하고 주저하지만, 감정이 움직이는 데에는 정해진 시간이 없고, 마음이 열리는 일에는 기한이 존재하지 않기에, 중요한 건 지금, 그 마음을 향해 조용히 걸어가려는 의지뿐이라는 것을 알게 된다.

 서로의 마음이 통하게 되는 그 순간부터 우리는 사랑을 회복할 수 있고, 잊었던 웃음을 되찾을 수 있다. 함께 걸어갈 다음 장면을 새롭게 그려 나갈 수 있으며, 단순히 과거를 되살리는 일이 아니라 지금 이 자리에서 새로운 신뢰와 이해의 관계를 시작하게 되는 것이다. '무지개 피는 날'은 어제에 머무르지 않고 내일을 기대하게 만드는 시간이며, "그때보다 지금의 우리가 더 단단해졌다면, 그 연결은 더 아름다울 수 있다."는 믿음을 확인하는 날이다.

우리는 기적을 거창한 사건으로 생각하지만, 참았던 손끝의 움직임과 아무 말 없이 먼저 다가와 주는 따뜻한 눈빛 하나가 누군가의 인생을 바꾸는 순간의 기적이 된다. '무지개 피는 날'은 바로 그런 조용한 기적들이 마음을 움직이는 날이다. 서로의 눈을 마주 보며 "괜찮아."라고 말할 수 있다면, 그 순간 우리는 이미 마음으로 이어졌다는 것을 느낄 수 있다.

무지개가 서로 다른 색이 어우러져 하나의 곡선을 이루듯, 우리 또한 각자의 상처와 기쁨, 후회와 감사, 침묵과 용서를 통해 조화롭게 연결될 수 있다. 그 곡선이 그려지는 과정에서 우리는 진정한 회복의 의미를 만나고, '무지개 피는 날'은 바로 그 연결의 길을 걸으며 마음을 나누는 순례의 시간이다. 말이 많지 않아도, 만남이 짧아도, 진심이 오갔다면 그것만으로 우리는 이미 하나의 무지개 아래에서 서로를 다시 알아본 것이다. 사랑과 믿음, 용서와 이해, 기쁨과 평안함이 한 자리에 머무는 그 순간, 우리는 연결이라는 삶의 선물을 조용히 받아들인다. 그날, 마음은 이렇게 인사를 건넬 수 있다.—"반가워, 나도 너를 잊지 않고 있었어."

서로의 이름을 불러주는 그 짧은 순간, 오랫동안
풀지 못했던 감정들이 부드럽게 녹아내리고,
서운했던 기억이 잠시 뒤로 밀려난다. 마음의
벽은 천천히 낮아지고, "수연아, 요즘 어때?",
"민호야, 잘 지내고 있니?" 일상 속에서의 부름이
어느새 가족을 이어주는 가장 다정한 인사가
되고, '무지개 피는 날'은 그 짧은 말 한마디가
관계의 문을 여는 열쇠가 되는 하루다.

제6장

가족은 다시 만나야 합니다

가족은 가장 가까운 기적

　가족이란 언제나 곁에 있어 마치 공기처럼 당연하게 여겨진다. 너무 익숙한 탓에 서로를 향한 배려보다 오해가 앞서며, 진심보다 빠르게 내뱉은 말이 상처가 되기도 한다. 이해보다는 기대가 먼저였던 시간이 쌓이면서 어느새 마음의 틈이 생기곤 하지만, 우리의 삶에서 가장 고요하고도 찬란한 기적은 바로 이 '가족'이라는 이름으로 매일 함께 살아내는 평범한 하루 속에 숨어 있다. '무지개 피는 날'은 그 평범한 기적을 다시 바라볼 수 있도록 마음의 시선을 돌려주는 날이다.

　사람들은 친구, 동료, 이웃과의 관계에는 신경을 쓰고 정성을 들이지만 정작 가장 가까운 가족에게는 "고마워요."나 "사랑해요." 같은 말 한마디 건네는 것도 어색하기만 하다. 오래 함께한 부모님께는 진심보다 의무가 앞서고, 형제자매에게는 관심보다는 거리감이 먼저 느껴져서 그렇게 마음을 전하지 못한 채 익숙함 속에서 점점 멀어지고 만다. 그렇지만 그 어색한 침묵을 용기로 바꾸는 날이 있다면 우리는 언제든 마음을 다시 건넬 수 있으며, '무지개 피는 날'은 그 용기를 꺼내 볼 수 있도록 도와주는 하루이다.

가족은 삶의 시작이자 끝까지 곁을 지킬 수 있는 유일한 인연으로, 가장 깊은 위로가 되기도 하지만 때로는 가장 아픈 기억을 남기기도 한다. 세월 속에서 때때로 길을 잃고 서로를 놓칠 때도 있지만, 결국 언제든 돌아올 수 있는 '집'이 있다는 사실은 무엇과도 바꿀 수 없는 축복이다. '무지개 피는 날'은 그런 집 같은 마음을 다시 확인하는 날이자, 마음이 머무는 자리가 어디인지를 되짚어보게 하는 소중한 시간이다.

먼 타지에서 가족과 떨어져 살며, 일터와 학업, 삶의 무게로 인해 점점 더 연락이 뜸해지고, 바쁘다는 이유로 명절 인사마저 미뤄지는 날들이 이어지지만, 어느 날 갑자기 울리는 전화벨 소리나, 오래된 앨범 속 사진 한 장, 함께했던 식탁의 기억 하나가 마음을 움직이는 계기가 된다. '무지가 피는 날'은 그런 계기를 조금 더 의도적으로, 더 진심 어린 마음으로 만들 수 있도록 우리에게 기회를 만들어주는 날이다.

가족의 소중함은 잃고 나서야 비로소 크게 느껴지곤 한다. 그래서 더 늦기 전에, 더 멀어지기 전에 용기를 내어 손을 내밀어야 하고, 그 한마디가 서툴고 어색하더라도 "우리는 한가족이야."라는 말은 그 무엇보다 강력한 회복의 언어가 될 수 있다. 오랜 침묵도, 오래된 갈등도, 풀지 못한 감정들도 따뜻하게 감싸안을 수 있으며, '무지개 피는 날'은 그 진심이 닿을 수 있도록 마음의 문을 여는 날이 되고, 그날 우리는 가족이라는 이유만으로 다시 하나가 될 수 있다. 무지개는 하늘과 땅이 만나는 자리에서 피어나고, 가족이라는 관계 역시 삶의 가장 현실적인 순간과 가장 깊은 감정이 교차하는 지점에서 자라난다. 화려하지 않지만 사라지지 않는 온기로 우리를 감싸는 이 관계는 언제나 그 자리에 있어 주기에 더욱 귀하다. '무지개 피는 날'은 그 따뜻함을 다시 느낄 수 있는 날이며, 말로 하지 않아도 눈빛 하나로 마음을 전하는 그날, 우리는 조용히 느끼게 된다. 이만큼 살아낸 오늘의 이유가, 곁에 있어 준 가족 덕분이었다는 것을.

서로의 이름을 부르는 날

이름은 관계의 시작이자, 존재를 인정하는 가장 따뜻한 방식이다. 누군가의 이름을 불러준다는 것은 단순한 호명이 아니라 그 사람을 마음에 품고 있다는 조용한 고백과도 같다. 요즘처럼 바쁜 시대에 가까운 가족 사이에서조차 이름을 부르는 일이 점점 줄어들고, 각자 흩어진 시간 속에서 식탁을 함께하는 일조차 어려워졌다. 우리는 서로를 점점 '누군가'로만 여기게 되고, '무지개 피는 날'은 그 '누군가'를 다시 '이름'으로 불러주는 순간을 회복하는 날이다.

엄마라는 말이 익숙해져 이름을 불리는 일이 사라지고, 아빠의 존재는 책임이라는 단어로만 남고, 형제자매는 함께 자랐다는 기억으로만 연결되며, 자녀에게는 애정을 담은 부름 대신 지시나 당부의 언어가 먼저 떠오른다. 우리가 정말 사랑하는 사람의 이름을 따뜻하게 부르는 순간, 그 말에는 '나는 너를 기억하고 있어', '너는 내게 소중한 존재야'라는 진심이 담기고, '무지개 피는 날'은 그 진심을 조심스럽게 꺼내 볼 수 있는 하루가 된다. 서로의 이름을 불러주는 그 짧은 순간, 오랫동안 풀지 못했던 감정들이 부드럽게 녹아내리고, 서운했던 기억이 잠시 뒤로 밀려난다. 마음의 벽은 천천히 낮아지고, "수연아, 요즘 어때?", "민호야, 잘 지내고 있니?" 일상 속에서의 부름이 어느새 가족을 이어주는 가장 다정한 인사가 되고, '무지개 피는 날'은 그 짧은 말 한마디가 관계의 문을 여는 열쇠가 되는 하루다.

가족 간의 갈등은 큰 사건에서 비롯되는 것이 아니라, 자잘한 오해나 무심한 말투, 마음속에서 미루어진 표현들이 쌓이면서 서서히 생기는 틈이다. 그 틈은 시간이 지나면 마치 고정된 거리처럼 느껴지지만, 그 거리를 가장 짧게 줄여주는 방법이 바로 이름을 부르는 일이 아닐까? "엄마", "아버지", "지영아", "서준아" 그 부름은 마음의 문을 여는 가장 간단하면서도 깊은 행위이고, '무지개 피는 날'은 서로의 이름을 다시 찾을 수 있도록 우리에게 이유를 선물해주는 날이다.

자녀가 부모의 이름을 불러보는 날, 부모가 자녀의 이름을 처음처럼 다정하게 입에 담아보는 날, 부부가 서로의 이름을 따뜻하게 바라보며 부르는 날―그 하루는 가족이라는 관계가 형식이 아니라 감정으로 다시 살아나는 순간이다. 이름을 부른다는 것은 단지 부르는 행위가 아니라 '나는 너의 존재를 존중한다.'는 진심의 표현이고, '무지개 피는 날'은 가장 가까운 사람에게 그 이름의 무게만큼 깊은 사랑을 전하는 날이다.

가족이 각자의 이름으로 불리고, 서로의 존재를 존중받을 때, 비로소 '우리'라는 울타리는 더 튼튼해지고, 이름과 이름 사이를 잇는 마음의 다리가 하나둘 생겨난다. 그 다리가 모여 무지개를 이룰 때 우리는 진정한 의미의 가족을 느끼게 되고, '무지개 피는 날'은 그 이름 하나하나를 통해 멀어졌던 마음을 다시 이으며, 우리는 오랜 침묵 속에 묻혀 있던 부름 속에서 사랑이 아직 살아 있음을 깨닫게 된다.

오해를 풀고 식탁에 마주 앉는 날

가족 사이의 갈등은 무관심에서 생기는 것이 아니라, 오히려 사랑하기에 더 깊이 스며들고, 믿음이 있었기에 실망도 크다. 기대가 있었기에 상처도 진하게 남고, 가까운 관계일수록 말 한마디가 더 날카롭게 다가오며, 침묵조차 오해가 되어 마음의 거리는 천천히 멀어진다. 어느새 함께 웃으며 식사하던 식탁은 서로를 피하게 되는 어색한 공간이 되어버리지만, '무지개 피는 날'은 그 멀어진 시간을 걷어내고 식탁에 마주 앉아 눈을 바라보는 하루가 된다.

식탁은 단순히 끼니를 해결하는 자리가 아니다. 안부를 묻고, 눈빛을 나누며, 하루의 조각들을 서로의 마음속에 담는 장소이다. 멀어졌던 마음이 한자리에 앉는 것만으로도 말보다 더 큰 변화가 시작되고, "같이 밥 먹자."는 짧은 한마디에는 꺼내지 못한 그리움과 이해의 문을 여는 따뜻한 신호가 담겨 있다. 굳어 있던 마음은 그 말 한마디에 조금씩 풀린다.

'무지개 피는 날'에는 말 대신 숟가락 부딪히는 소리로 서

"같이 밥 먹자."는 짧은 한마디에는 꺼내지 못한 그리움과 이해의 문을 여는 따뜻한 신호가 담겨 있다. 굳어 있던 마음은 그 말 한마디에 조금씩 풀린다.

영화 "고령화 가족" 중 한 장면

먹한 공기를 부드럽게 바꾸고, 서로를 피하던 눈길을 조심스럽게 마주친다. 특별한 요리가 없어도 따뜻한 밥 한 그릇에 담긴 진심은 마음의 허기를 채워주는 힘이 되어주고, 그 식탁은 더 이상 상처를 피하는 자리가 아니라, 용기 내어 마음을 풀어보는 작은 평화의 공간이 된다.

　굳어진 오해는 쉽게 풀리지는 않을 것이다. 하지만 풀어내야 함께할 수 있고, "미안해."라는 말로는 다할 수 없더라도 한 끼의 식사를 나누는 것만으로 마음은 충분히 전해진다. 같은 식탁에 앉는다는 건 같은 공간, 같은 시간 속에서 서로의 존재를 받아들이겠다는 의미다. '무지개 피는 날'은 그 의미를 삶 속에 새기는 기회가 되고, 가족이 하나의 식탁을 중심으로 다시 마음을 잇는 하루다.

　어린 시절의 기억 속에는 언제나 식탁 앞에 모인 가족이 있다. 엄마가 따뜻하게 차려주던 밥상, 아버지가 조용히 건네주던 반찬, 형제자매가 티격태격하다가도 결국 웃음을 나눴던 그 자리는 단순한 식사의 장소가 아니라 마음이 가장 편안해지던 우리의 쉼터였다. '무지개 피는 날'은 그 추억의 온기를 오늘의 식탁 위에 되살리는 날이다. 바쁜 생활 속에서 미뤄두었던 감정이 조용히 피어나고, 말없이 서로를 바라보는 눈빛 속에 오래 묻어두었던 사랑이 스며든다.

무지개는 어둠과 빛이 만나야 비로소 피어난다. 가족의 식탁도 상처와 이해, 거리감과 포용, 차가움과 따뜻함이 머무는 그 자리에서 회복의 빛을 품는다. 마주 앉는 용기 하나로도 가족은 서로에게 손을 내밀 수 있다. '무지개 피는 날', 그 식탁 위에는 음식보다 더 따뜻한 것이 놓여야 한다. 그것은 용서이고, 다정한 눈빛이며, 오랫동안 말하지 못했던 사랑이다.

찰나의 순간에 피어나는 가족사진

가족사진은 한 시절을 정지된 화면 안에 고스란히 담아내는 소중한 기록이다. 프레임 속에 함께 웃고 있는 장면은 단순한 이미지가 아닌 '우리는 함께 살아냈다.'는 흔적이며, '지금도 서로를 향해 마음을 놓지 않고 있다.'는 고백이자 다짐이다. 바쁘고 어수선한 일상 속에서 우리는 종종 그 기록을 뒤로 미룬 채 "다음에", "나중에"라는 말로 시간을 흘려보내고, 그렇게 미루는 동안 가족의 얼굴은 변해간다. 어떤 이의 모습은 어느 순간 사진 속에만 남게 되기도 한다.

'무지개 피는 날'은 그 멈춰 있던 시간을 모아, 함께 서는 한 장면을 만들어내는 날이다. 사진관에 모여 카메라 앞에 선다는 것은 단순한 행위가 아니라, 각자의 삶을 잠시 멈추고 같은 공간, 같은 시간 안에 서로를 인정하며, 이 순간을 기억하겠다는 다짐을 공유하는 것이다. "오늘 함께 해줘서 고마워."라는 말이 쑥스러워 입 밖에 나오지 않더라도 표정과 시선에 진심을 담아 전하며, '무지개 피는 날'은 그런 마음들이 한 장의 사진으로 남을 수 있도록 의식을 열어주는 의미 깊은 하루가 된다. 물론 사진 속 웃음이 모두 진심이 아닐 수도 있다. 어떤 이는 어색한 마음을 숨기고, 어떤 이는 억지로 입꼬리를 올리며, 또 어떤 이는 말할 수 없는 응어리를 안은 채 셔터 앞에 서 있을 수도 있지만, 그래도 한자리에 함께 서 있다는 사실, 서로를 향해 마음을 건네려는 노력 자체가 이미 관계 회복의 시작이다. '무지개 피는 날'은 그 작은 움직임이 관계의 물꼬를 트는 전환점이 되어, 미뤄왔던 감정을 천천히 끌어내는 시간이 된다.

가족사진을 다시 찍는다는 것은 곧 멀어졌던 관계를 새롭게 잇겠다는 용기 있는 선택이며, 오랜 시간 연락이 끊긴 형제와 말없이 거리를 둔 부모와 자식, 혹은 사소한 오해로 어색해진 부부가 한 프레임 안에 함께 선다는 것은 상처를 품은 채 나아가는 일이다. 그 용기를 내는 그날, 우리의 마음 깊은 곳에도 무지개가 서서히 피어나고, 그날 남겨진 사진 한 장은 오래도록 꺼내 볼 수 있는 따뜻한 장면으로 우리의 가슴에 남는다.

세월은 우리를 기다려주지 않는다. 아이는 어느새 훌쩍 자라 있고, 부모의 얼굴에는 시간이 그려놓은 주름이 깊어진다. 가족사진은 그러한 변화를 함께 견뎌낸 존재들의 이야기로 기록되고, 그것은 우리가 함께 살아온 시간의 연대기이기도 하다. '무지개 피는 날'은 그 연대기의 새로운 한 페이지를 덧붙이는 날이 되고, 거기에는 함께 서 있었다는 증거가, 사랑했었다는 흔적을 고스란히 담는다.

무지개가 하늘에 잠시 머물렀다 사라지는 찰나의 기적이라면, 가족사진 역시 셔터가 눌리는 그 찰나에 각자의 삶과 감정, 갈등과 이해, 용서와 다짐이 고스란히 담긴다. '무지개 피는 날'에 찍힌 그 한 장의 사진은 단순한 이미지가 아니라 가족 모두가 함께 있었다는 사실과 마음이 서로를 향하고 있었음을 보여주는 사랑의 증거가 된다. 그날 우리는 말한다 "우리, 진심으로 가족이 되어주고 싶었어요." 이렇게 '무지개 피는 날'에 담긴 가족사진 한 장은 많은 말보다 큰 감동을 전한다. 이후 수많은 시간이 지나고 계절이 바뀌어도 그 한 장을 바라보는 순간, 우리는 기억하게 된다. 함께 웃었고, 함께 마음을 나눴고, 그래서 우리는 가족이라는 이름으로 충분히 아름답다는 것을.

부재를 품은 자리, 여전히 가족인 이유

가족은 함께 있을 때만 가족이라 말할 수 있는 것이 아니다. 곁에 있지 않더라도 마음속에 여전히 남아 있는 존재, 한 사람의 빈자리를 통해 오히려 더 깊이 느껴지는 애틋함 속에서 '가족'이라는 이름으로 서로 연결되어 있다. 지금 이 자리를 지키고 있는 사람들만이 아니라, 어느새 곁을 떠난 이들까지도 여전히 그 울타리 안에 머물고 있고, '무지개 피는 날'은 그 빈자리를 조용히 품으며, 우리 안에 남아 있는 가족의 온기를 다시 느끼는 날이 된다. 누군가는 세상을 달리했고, 누군가는 먼 나라로 떠나갔으며, 또 누군가는 소식이 끊어졌어도 식탁에 앉을 때마다, 가족사진을 찍을 때마다, 명절을 앞둔 어느 저녁 문득 떠오르는 이름 하나에 가슴이 먹먹해질 수 있다. 그리움이 파도처럼 밀려오는 그 순간에도 우리는 마음속으로 말한다—"그 사람은 지금 이 자리에 없어도, 여전히 우리 가족이야." 그리고 '무지개 피는 날'은 그리움을 마음 깊이 허락하고, 서로의 가슴에 자리한 빈자리를 함께 바라보며 나눌 수 있도록 도와주는 날이다.

가족이라는 자리는 단순히 옆에 앉아 있는 사람의 수로 정해지는 것이 아니라, 함께한 기억의 무게와 그 사람을 향한 마음이 얼마나 단단히 이어져 있는가에 따라 완성된다. 비록 지금 눈앞에 보이지 않더라도, 우리는 매 순간 "잊지 않고 있다."는 고백을 마음속으로 되뇌고, '무지개 피는 날'은 그 고백을 눈물이나 말이 아닌 존재의 여운으로 전하는 날이 된다. 그날 우리는 서로에게 다가가 "당신도 그 사람을 기억하고 있었군요."라는 공감의 시선을 건넨다. 누군가의 부재는 상실인 동시에 또 다른 방식의 존재로 남아, 그 사람의 말투와 손길, 습관과 따뜻함이 우리의 일상 속에서 되살아나며, "아버지라면 이렇게 하셨겠지.", "어머니라면 그때 이런 말을 해주셨을 거야."라는 말처럼 우리는 떠난 이를 통해 여전히 삶의 방향을 잡고, 행동의 온도를 정하며 살아간다. '무지개 피는 날'은 그 떠오름을 단순한 그리움이 아닌 감사와 존경, 그리고 사랑으로 연결해 주는 하루로, 우리가 누군가의 흔적 안에서 여전히 위로받고 있다는 사실을 확인하게 되는 시간이다.

무지개는 잠시 자취를 감추었던 햇살이 다시 하늘을 비출 때 피어오르듯, 가족도 누군가가 떠났다고 해서 사라지는 것이 아니라, 남겨진 이들의 기억과 사랑이 이어지고 있을 때 그 관계는 변하지 않는다. '무지개 피는 날'은 함께할 수 없는 이들의 자리에 마음으로 꽃을 놓고, 그 빈자리를 따뜻한 기억으로 감싸는 날이다. 오늘은 함께하지 못해도 그 이름이 여전히 우리 곁에 머물고 있다는 사실 하나만으로도 우리는 그리움 대신 사랑을 꺼내어 품는다. 그리고 그날, 우리는 서로를 바라보며 말할 수 있다.—"당신은 지금 이 자리에 없지만, 여전히 우리 가족이에요." 그리고 그 말은 눈가에 맺힌 눈물과 동시에 피어나는 미소로 완성된다.

'무지개 피는 날'은 부재를 애도하는 시간인 동시에 존재를 기념하는 날이다. 그날 우리는 '가족'이라는 이름 안에서 다시 서로를 안아줄 수 있는 용기를 품으며, 누가 있어도, 혹은 없더라도, 여전히 우리는 가족이라는 이유만으로 충분히 이어져 있음을 깨닫는다.

가족, 마음이 닿는 가장 깊은 항구

가족은 삶의 파도 속에서도 결국 마음이 거무르는 가장 깊고 조용한 항구이며, 갈등이 있고 상처가 남기도 하지만, 멀어진 마음 저편에서 누군가는 여전히 그 이름을 그리워하게 된다. '무지개 피는 날'은 그런 마음이 가만히 움직이는 순간을 위한 하루로, 오랜 침묵 끝에 눈빛으로 안부를 건네고, 한때 어긋났던 감정이 부드럽게 포개지는 그 자리에 다시 서게 되는 날이다.

가족이 한자리에 모인다는 건 단지 물리적인 공간을 함께 하는 것만이 아니라, 마음의 문을 여는 용기이자 오해에서 이해로 건너가는 시간이다. 말없이 옆에 앉아 있는 그 조용한 동행만으로도 "나는 언제나 네 편이야."라는 메시지가 전해지고, '무지개 피는 날'은 그 따뜻한 다짐을 서로의 가슴에 조용히 내려앉게 만드는 특별한 날이 된다. 시간이 흐르고 세월이 쌓이면 부모의 이마엔 주름이 깊어지고, 아이는 자라 어른이 되며, 형제자매는 각자의 삶을 살아가지만, 그 모든 변화 속에서도 변하지 않는 것이 있으니, 바로 가족이라는 이름의 깊이이다.

　　서로 다른 길을 걸어온 이들이 오랜만에 마주했을 때, 말보다 먼저 떠오르는 감정은 반가움이고, 함께 웃을 수 있다는 사실 하나만으로 우리는 치유되고 위로받는다. 누구나 누군가의 아들이고 딸이며, 형제이고 자매이며, 그 사실만으로 우리는 이미 이어져 있다. '무지개 피는 날'은 그 관계를 다시 바라보며 말하지 못한 마음들을 꺼내놓고, 함께 있다는 사실 하나만으로도 충분히 행복해질 수 있는 이유를 되새겨보게 한다.

　　"우리 가족이야."라는 짧은 한마디에는 수많은 고백이 담겨 있고, "미안했어.", "괜찮아질 거야.", "힘들었지?", "그래도 나의 부모님이고, 내 동생이고, 내 아이야."와 같은 소박한 말들이 꽁꽁 얼어 있던 마음을 서서히 녹이며, 서로를 다시 안아주는 그 순간에야 우리는 비로소 깨닫게 된다. 함께 밥을 먹고, 이야기를 나누며 서로를 알아가는 그 평범한 시간이야말로 우리가 가장 간절히 원하던 진짜 위로였음을. '무지개 피는 날'은 그런 평범함이 얼마나 특별한지를 일깨우는 하루이다. 가족에게는 그런 하루가 꼭 필요하며, 무지개가 각기 다른 색이 어우러질 때 가장 아름답듯, 가족도 서로 다른 성격과 생각, 서로 다른 삶을 가진 이들이 하나의 식탁에 모여 마음을 나눌 때 비로소 완성된다. 우리는 그 자리에서 진짜 사랑을 배우고, 서로의 다름을 존중하는 법을 익히며, 어느새 한마음이 되어 함께 있는 지금의 순간을 감사하게 된다. 그리고 그날, 우리는 아무렇지 않게 서로를 바라보며 조용히 말한다. "가족이어서 참 고맙다."

무지개 피는 날' 한 스님이 무슬림 청년의 등을 조용히 토닥이고, 목사와 이맘이 한 상에서 밥을 나누며 웃음을 나누는 그 풍경이 현실이 된다면, 그 자체로 믿음이 사랑이 되고, 가르침이 행동이 되며, 신앙은 가슴으로 다가가는 온기가 된다.

제7장

믿음이 다른 이들과
마주 앉는 날

서로 다른 신앙을 가진 사람들과 함께 앉는 날

　세상에는 많은 종교가 있다. 사람은 태어나면서부터 다양한 믿음 속에 놓이게 되어, 어떤 이는 하나님께 예배드리고, 어떤 이는 부처 앞에 고개를 숙이며, 또 어떤 이는 하늘과 나무, 바람과 강을 통해 삶을 묵상한다. 저마다 부르는 신의 이름은 달라도 그 믿음이 사람의 삶에 건네는 위로와 방향, 그리고 고통 속에서 희망을 일깨우고자 하는 것은 같다. 신앙은 그렇게 각자의 언어로 인간에게 의미를 부여하고, 살아갈 이유를 속삭인다. 하지만 어느 순간부터 다름은 존중이 아닌 경계가 되었고, 때로는 편견이 되었으며, 자신이 가진 신념이 절대적이라는 확신이 커질수록 타인의 믿음은 위협으로 여겨졌다. 종교는 서로를 품기보다는 분열의 도구가 되기도 했다. 서로 다른 신을 믿는 사람들이 마주 앉는 일이 점점 어려워졌지만, '무지개 피는 날'은 그 단절된 자리에서 용기를 내어 앉아보자는 의미로 시작된 하루이며, 믿음의 다름을 틀림이 아닌 차이로 받아들이고, 서로를 향한 이해의 첫걸음을 내딛는 시간이다.

무지개가 하나의 색으로는 완성될 수 없듯이, 서로 다른 종교 역시 각자의 빛을 간직하면서도 그 빛들이 겹치며 만들어내는 조화야말로 진정한 평화의 시작이다. '무지개 피는 날'은 그 조화를 꿈꾸는 자리로, 다른 신을 믿는 사람들이 같은 시간, 같은 공간에서 눈을 맞추고, 마음을 나누며, 이름이 아닌 사람이 먼저 보이는 순간을 만들어가는 날이다.

"다른 종교와 함께할 수 있을까?", "내 믿음이 흔들리지는 않을까?", "기도하는 방식이 너무 달라서 어색하지 않을까?" 같은 질문들이 고개를 들 때도 있지만, 이 질문들은 부정의 대상이 아니라 함께 안고 가야 할 숙제이며, 그 질문에 마주 앉는 용기야말로 공존의 진짜 출발점이다. '무지개 피는 날'은 질문을 피하지 않고, 그 앞에 조용히 서로를 마주 쳐며 말없이 고개를 끄덕이는 것만으로도 충분하다. 어느 날, 교회 청년부 활동을 하던 한 청년이 불교를 믿는 친구를 조심스레 초대했다. "괜찮을까?"를 마음속에 수없이 되뇐 채 참석한 그 친구는 낯선 자리에서 환영받았고, 이후 이렇게 말했다. "그 자리는 나를 개종시키려 하지 않았고, 다만 나라는 사람 자체를 존중해줬어요."

그 한마디가 보여주는 건, 신앙의 다름을 넘어 사람을 먼저 바라보는 시선이고, 그것이 바로 공존하는 첫걸음이다.

'무지개 피는 날'은 각 종교의 경전보다 먼저 얼굴을 바라보는 시간이고, 이름보다 눈빛이, 가르침보다 마음이 먼저 와 닿는 날이다. "나는 당신과 믿음은 다르지만, 그래도 함께 앉을 수 있습니다."라는 말이 울려 퍼지는 공간이 늘어날수록 우리는 더 이상 분리된 존재가 아닌 연결된 사회로 나아가게 된다. 이 앉음은 작고 소박할 수 있으나, 그 속에 담긴 침묵과 따뜻한 인사는 언젠가 커다란 변화를 일으킬 씨앗이 된다.

마치 비가 그친 뒤 하늘 위에 조용히 번지는 무지개처럼, 말보다 먼저 피어나 마음을 감싸는 따뜻함처럼, '무지개 피는 날' 각자의 신을 믿는 사람들이 함께 앉을 수 있다는 사실 하나만으로 이미 아름답고, 그 자리에서 우리는 새롭게 배운다. 믿음이 다르다는 이유로 멀어질 필요가 없다는 것, 그리고 서로의 다름을 이해하려는 그 마음이야말로 세상을 하나로 잇는 진짜 사랑이라는 것을.

사람을 기억하는 날, 교황의 삶으로 말하다

프란치스코 교황의 생애는 '무지개 피는 날'의 정신을 온몸으로 실천해 온 만남과 회복의 여정이다. 그는 단지 상징적인 수장이 아니라, 고통받는 이들과 눈을 맞추고, 그들의 이야기를 듣고, 손을 잡으며 '사람이 사람에게 위로가 되는 길'을 걸어왔다. 그의 발걸음은 늘 상처의 현장으로 향했고, 그곳에서는 늘 분열을 넘어서는 화해와 사랑의 무지개가 피어나곤 했다.

2022년 7월, 프란치스코 교황은 캐나다 원주민 공동체를 직접 찾았다. 과거 가톨릭교회가 운영했던 원주민 기숙학교에서는 많은 아동이 정부 정책 속에서 억압과 학대를 겪었다. 교황은 그들에게 깊이 고개를 숙이며 말했다. "이곳에 직접 와서 여러분께 제 슬픔을 전하고, 하나님의 용서와 치유, 화해를 간청하고자 합니다."

이 사과는 형식적인 입장이 아닌, 침묵과 외면으로 덮여왔던 역사의 문을 여는 일이었다. 교황은 그 현장에서 함께 울고 용서를 청했다. 피해자들은 울며 그의 손을 맞잡았고, 오랜 상처 위에는 위로와 치유의 빛이 피어났다.

이보다 앞선 2019년, 교황은 아랍에미리트를 방문해 이슬람 최고 종교지도자 아흐메드 알타예브와 함께 '인간 형제애에 관한 문서'에 공동 서명하기도 했다. 이 문서는 신앙과 문화를 넘어 인간이 서로를 형제로 받아들이자는 선언이었다. 전 세계를 향한 그 메시지는 차이로 인해 갈라진 사회에 조용하지만 깊은 울림을 남겼다. 서로 다른 신을 믿는 이들이 함께 웃고, 함께 서명한 그 순간은 '서로 다름이 어울림이 되는 사회'의 한 가능성을 보여주는 살아 있는 장면이었다. 교황은 말한다. "우리는 모두 하나님의 자녀이며, 서로를 형제로 받아들여야 합니다."

이 말은 단지 교리의 문장을 넘어서, 그가 걸어온 생애의 방향이자, 오늘 우리가 만들어가야 할 공동체의 기준이기도 하다.

'무지개 피는 날'은 그러한 정신을 잇는 날이다. 단 하루라도, 우리는 서로의 다름을 껴안고, 갈등의 땅 위에 화해의 씨앗을 심으며, 설명이 필요 없는 공감으로 사람을 대할 수 있어야 한다. 교황의 삶처럼, 고통의 자리에서 시작된 만남이 누군가에겐 살아갈 이유가 되고, 잊힌 존재가 아니라 기억되는 사람으로 자리할 수 있는 날이어야 한다. 무지개는 본래 서로 다른 빛이 하나의 하늘에서 조화를 이루며 만들어진다. 프란치스코 교황은 바로 그 하늘 아래, 다양한 이들의 빛을 하나의 무지개로 엮

어낸 인물이다. 교황의 걸음이 보여준 진심의 무늬는, 지금 이 시대에 우리가 서로를 어떻게 마주해야 하는지 말없이 가르쳐 주고 있다.

'무지개 피는 날'은 말보다 행동하는 날이 되어야 한다. 상처 입은 사람에게 먼저 다가가 "당신을 기억합니다."라고 말할 수 있는 하루. 종교, 언어, 역사, 고통의 차이에도 불구하고 "당신은 내 이웃입니다."라고 손을 내밀 수 있는 용기의 날로 만들어야 한다.

프란치스코 교황은 우리에게 보여주었다. 진심이 있는 곳에는 만남이 있고, 만남이 있는 곳에는 회복이 있으며, 회복이 있는 곳에 무지개가 피어난다는 것을.

경계에서 피어나는 존중의 기도

기도는 소망하는 것에 대한 간절함의 언어다. 그러나 세상은 그 기도의 방식이 다르다는 이유로 서로를 구별하고, 때로는 정죄하며, 심지어는 배척하기도 했다. 교회에서는 두 손을 모으고 하나님께 간구하고, 절에서는 향을 피우고 부처님께 절을 올리며, 성당에서는 십자가 앞에 무릎 꿇고 성모 마리아께 기도하고, 모스크에서는 메카를 향해 고요한 예배를 드린다. 겉보기엔 달라도, 그 속에 담긴 간절함은 같다. 누군가는 치유를 구하고, 누군가는 평화를 구하며, 또 누군가는 용서를 구한다. '무지개 피는 날'은 이러한 기도의 차이를 틀림이 아닌 '다름'으로 받아들이고, 그 다름을 '존중'으로 환대하는 날이다.

종교적 신념은 한 사람의 정체성을 이루는 근간이 되기도 한다. 그래서 누군가의 기도를 존중한다는 것은 단지 예절의 문제가 아니라, 그 사람의 존재 자체를 인정하고 품는 일이다. '무지개 피는 날', 우리는 서로 다른 종단과 신앙의 색을 띤 이들이 같은 공간에 앉아 각자의 방식으로 기도하는 모습을 목격하게 된다. 그 장면은 거창하지 않아도 좋다. 찬송과 목탁, 향과 촛불, 손 모음과 엎드림이 한 장면 안에서 나란히 존재한다면, 우리는 진정한 공존의 기도를 체험하게 되는 것이다.

기도는 신을 향한 것이기도 하지만 동시에 사람을 향한 마음의 표현이기도 하다. 내가 기도하는 대상이 누구든, 결국 그 기도는 세상의 평화를, 가족의 안녕을, 이웃의 회복을 바라는 마음에서 시작된다. '무지개 피는 날'의 기도는, 바로 그런 마음들이 서로 다른 방식으로 피어나는 모습을 존중하는 시간이다. 내가 이해하지 못하는 기도의 언어 앞에서 경청하고, 나와 다른 자세의 기도 앞에서 시선을 돌리지 않는 것—그것이 바로 경계에서 피어나는 존중이다.

한 청소년이 말했다. "처음으로 친구가 예배하는 모습을 보았을 때 낯설었어요. 그런데 그 친구가 '이건 내가 마음을 가다듬는 방식이야.'라고 말해줬을 때 이해할 수 있었어요." 바로 그 한마디, 마음을 나누는 그 진심이 존중의 시작이었다. '무지개 피는 날'은 이런 깨달음이 전 국민의 마음속에 자리 잡는 계기가 되어야 한다. 우리가 서로의 기도를 들을 수 있다면, 그 안에 담긴 고요한 간절함도 함께 느낄 수 있다.

우리는 이제 더 이상 믿음이 다르다는 이유로 상대의 기도를 의심하거나 두려워해서는 안 된다. 오히려 그 다름으로 내 기도도 더 넓어지고, 더 깊어질 수 있다. 내가 드리는 기도만 옳다고 여기는 순간, 그 기도는 다른 누군가의 기도를 가로막는 벽이 될 수 있다. '무지개 피는 날'은 그 벽을 허물고, 서로의 기도를 하나의 다리로 연결해 주는 날이다.

이날, 한 목회자가 기도 중간에 조용히 옆에 앉은 스님의 기도를 바라본다. 두 사람은 아무 말 없이 고개를 끄덕이며 미소 짓는다. 그리고 기도가 끝난 후 목회자가 말한다. "오늘 당신의 기도를 통해, 나의 기도도 더 단단해졌습니다." 그 한마디는 책으로 가르칠 수 없는 사랑과 존중의 기적이다. '무지개 피는 날'은 이런 작고 조용한 기적이 곳곳에서 피어나는 날이다.

무지개는 각기 다른 색이 겹치며 만들어진다. 이처럼 존중의 기도는 서로 다른 기도의 색이 겹치는 지점에서 가장 찬란하게 빛난다. 신을 향한 기도가 결국 사람을 향한 사랑으로 이어진다면, 우리는 이미 가장 신성한 기도를 함께 드리는 것이다. '무지개 피는 날', 그 기도가 교회와 절, 성당과 회당, 모스크와 광장에서 함께 울려 퍼지기를, 그리고 그 기도가 경계 위에서 서로를 품는 아름다운 울림이 되기를 바란다.

종교인이 먼저 손을 내미는 순간

종교인의 손길은 세상과 사람을 잇는 가장 조용하면서도 강력한 다리가 될 수 있다. 혼란의 시기, 마음들이 갈피를 잃을 때 진심으로 길 위에 서서 고요히 손을 내미는 이들이 있다면, 그 손은 강단과 제단을 벗어나 골목으로 향하고, 대웅전을 나와 장터를 돌며, 성당의 문을 지나 이웃의 집을 두드리는 손이 된다. '무지개 피는 날'은 그렇게 믿음이 다르다는 이유로 등을 돌리는 대신, 차이를 이해하고 품으며 먼저 손을 내미는 날로서, 이 시대가 진심으로 바라는 종교인의 모습을 되새기게 한다.

종교가 때로는 경직되고 배타적인 이미지로 세상과 단절된 것처럼 여겨질 때가 있지만, 본래의 종교는 그 누구보다도 아픈 자리 가까이에 서서 눈물을 닦아주고, 무너진 마음을 감싸안으며, 절망 속에서도 사람을 끝까지 붙잡아주는 것에서부터 출발한다. 그렇기에 '무지개 피는 날'은 종교인이 세상에 다시 손을 건네는 시간이고, 교회와 절, 성당과 모스크는 경계를 넘어 하나의 마음으로 사람에게 다가가는 실천의 하루다.

어느 날, 자연재해나 사회적 아픔 속에서 교회의 목사, 절의 스님, 성당의 수녀가 함께 장화를 신고 복구 현장에 서고, 진흙 속에서 마대를 옮기고, 쓰러진 집의 안부를 묻는 그 풍경을 상상해 본다면, "오늘만큼은 교회도 절도 성당도 없고, 그냥 이웃일 뿐이에요."라고 웃으며 말하는 누군가의 한마디는, 종교가 삶의 중심에서 얼마나 큰 역할을 할 수 있는지를 말해준다. 바로 그 모습이 '무지개 피는 날'이 그리고 싶은 미래이며, 종교인이 먼저 손을 내밀 때, 세상은 종교를 다시 신뢰하게 될 것이다.

세상은 말보다 행동을 통해 움직이고, 종교인은 가르침을 말로만 전하기보다 삶으로 증명해야 한다. 수백 번 외운 경전의 구절보다 상처 입은 자의 손을 한번 따뜻하게 잡아주는 그 순간이 훨씬 더 큰 감동이 된다. '무지개 피는 날' 한 스님이 무슬림 청년의 등을 조용히 토닥이고, 목사와 이맘이 한 상에서 밥을 나누며 웃음을 나누는 그 풍경이 현실이 된다면, 그 자체로 믿음이 사랑이 되고, 가르침이 행동이 되며, 신앙은 가슴으로 다가가는 온기가 된다.

종교인의 손은 언제나 위에 있어야 하는 것이 아니라, 때로는 아래에서 받쳐주고, 옆에서 함께 잡아주고, 앞에서 이끄는 대신 뒤에서 조용히 밀어주는 손이 되어야 한다. '무지개 피는 날'은 그런 손이 높고 낮음을 가리지 않고, 사람을 향해 자연스럽게 나아가는 날이다. 고통을 먼저 보고, 아픔을 외면하지 않으며, 스스로 낮추어 타인의 삶 안으로 들어가는 종교인이 많아질 때, 세상은 그 손끝에서 희망이라는 이름을 다시 발견하게 된다. 그날 누군가는 조용히 이렇게 고백할 수 있기를 바란다―"오늘만큼은 종교의 형식보다 사람의 눈물을 먼저 보았습니다. 가르침보다 사랑을 먼저 건네고 싶었습니다." 이 말은 종교가 세상에 어떻게 존재해야 하는지를 말해주는 진실을 보여준다. 종교는 사람 위에 군림하는 이론이 아니라, 사람 곁에 서는 동행이어야 하고, 이웃이자 친구여야 한다. 아픔의 자리에 함께 앉아주는 존재일 때, 신을 믿는 사람을 통해 세상이 다시 따뜻해질 수 있다는 믿음이 생기며, '무지개 피는 날'은 그 믿음을 회복하는 날이 된다.

이런 신뢰는 결코 선언이나 교리로 완성되는 것이 아니며, 오직 종교인이 드러내는 삶의 태도와 사랑의 손끝에서 시작된다. '무지개 피는 날' 우리는 서로 다른 종단의 이들이 마주 앉아 조용히 손을 내밀며 말한다. "우리는 다르지만, 함께할 수 있습니다." 그 손을 서로 맞잡는 순간, 우리는 경계를 넘어 하나가 되고, 그 하나됨 속에서 이 시대가 오래도록 기다려온 진정한 종교의 빛이 찬란하게 빛난다.

말보다 깊은 울림, 고요히 피어나는 기도의 순간

말보다 깊은 울림이 있다. 그것은 바로 침묵이다. 기도는 언제나 소리 내는 방식으로만 전해지는 것이 아니라, 마음속 깊은 곳에서 우러나는 고요함 속 간절함, 그 내면의 떨림이 때로는 세상의 어떤 외침보다 더 크고 깊게 울려 퍼진다. '무지개 피는 날', 다양한 신앙을 가진 이들이 말없이 한자리에 모여 조용히 침묵할 수 있다면, 그것은 어느 예배보다 경건하고 어느 설교보다 위대한 하나의 합창이 될 것이다. 신을 향해 걷는 각자의 길이 서로 다른 방향일지라도, 그날만큼은 모든 마음이 같은 중심을 향해 맑게 모인다.

우리는 기도를 외형으로 판단하곤 한다. 무릎을 꿇는 자세, 향을 피우는 손, 큰소리로 찬양하거나 조용히 명상에 잠기는 모습, 그러나 기도의 본질은 그 형식에 있는 것이 아니라 '마음이 어디를 향하고 있는가'에 있으며, '무지개 피는 날'은 그 방향이 하나의 자리에서 만나는 날이다. 신의 이름은 다르지만, 그 신 앞에서 우리가 품고자 하는 사랑과 자비, 용서와 회복에 대한 바람은 다르지 않고, 그 마음은 말보다 침묵 속에서 더 진하게 전해진다.

그날, 어느 조용한 광장에 각 종단을 대표하는 종교인들이 원을 이루며 자리를 잡는다. 그 중심에는 어떠한 상징물도 놓이지 않고, 오직 사람만이 있을 뿐이며, 그들은 각자의 전통에 따라 묵주를 돌리고, 염불을 외우고, 마음으로 자비를 되새기고, 고요한 호흡에 집중하며, 서로를 바라보진 않지만, 같은 공간을 공유하는 그 침묵의 울림 속에서 분명 서로의 존재를 느끼고 이해하게 된다. 말은 없지만, 진심이 흐르고, 그날의 침묵은 언어와 신념, 형식을 넘어선 마음의 언어가 된다. 침묵은 단순히 소리를 멈춘 상태가 아니라, 자신의 내면과 마주하는 용기이자 타인의 고통에 귀 기울이는 깊은 태도이다. '무지개 피는 날'의 침묵은 종교 간의 합의나 타협이 아니라, 서로의 신념을 있는 그대로 존중하는 선언이다. 나는 내 신을 믿지만, 당신의 기도 앞에 고개를 숙일 수 있는 마음 그것이야말로 진정한 평화의 시작이다.

실제로 한 공공 기도회 자리에서, 목회자가 고백했다. "옆에 앉아 조용히 기도하던 스님의 침묵 안에서, 나는 내 기도의 진심을 다시 들을 수 있었습니다." 또 다른 스님은 말했다. "무슬림 형제의 고요한 숨결 안에서 나는 자비와 연민을 배웠습니다." 이 말들은 더 이상 상상이 아니라, '무지개 피는 날'이 거듭된다면 충분히 이뤄질 수 있는 현실이며, 그날의 침묵은 신을 향한 길이기도 하지만, 동시에 사람을 향한 다리가 된다.

우리는 종종 말로 설득하고, 교리로 가르치려 하며, 진리를 증명하려 애쓴다. 그러나 '무지개 피는 날'은 그 모든 시도를 내려놓고 조용히 마음을 나누는 날이다. 그날만큼은 누가 더 오래 기도했는지, 누가 어떤 신을 믿는지 따지지 않고, 그저 서로의 고요를 존중하며 자기 내면을 낮추고, 마음을 비우며, 말없이 함께 있음으로써 그 시간이 하나의 깊은 기도가 된다.

무지개는 소리 없이 피어난다. 바람이 잠잠해지고 햇살이 고요히 비칠 때, 하늘에 천천히 드러나는 빛의 조화처럼, '무지개 피는 날' 사람들 마음속에도 그 빛이 피어날 수 있다. 말하지 않아도 전해지는 마음, 설명하지 않아도 느껴지는 평화, 침묵 안에서 만나는 하나의 인간다움 —그날의 침묵은 세상의 소란 속에서 우리가 가장 먼저 다시 배워야 할 고요한 노래가 된다.

기도가 언어마다 다르게 발음된다면, 침묵은 모든 종교가 함께 나눌 수 있는 공통 언어이며, '무지개 피는 날'의 침묵은 바로 그 언어를 함께 배우는 시간이다. 그것은 누구의 신도 침범하지 않고, 누구의 신념도 무너뜨리지 않으며, 그저 그 자리에 앉아 서로의 존재를 품는 깊은 존중의 순간이 되는 것이다.

그날, 말없이 나란히 앉은 이들이 천천히 고개를 들어 서로를 바라볼 때, 말은 없어도 미소가 오가고, '우리는 다르지만, 이 순간 하나의 마음으로 연결되어 있다.'는 진실이 가슴 깊이 전해진다. 그 침묵의 순간이야말로, '무지개 피는 날'이 이뤄내고자 했던 가장 고요하고도 깊은 평화의 완성이다.

경전 너머에서 피어나는 사랑

모든 종교는 사랑을 말한다. 기독교는 "네 이웃을 네 몸과 같이 사랑하라."고 가르치고, 불교는 자비의 마음으로 모든 생명을 품으라 하며, 이슬람은 참된 믿음이 선한 행동으로 드러나야 함을 강조하고, 유대교는 율법의 핵심을 정의와 사랑으로

요약하며, 힌두교 역시 연민과 선행의 가치를 깊이 새긴다. 신을 향한 길은 다르지만, 인간을 향한 마음만큼은 그 중심이 한결같다. '무지개 피는 날'은 그 중심을 따라 나아가는 하루로, 경전의 글자를 넘어 삶으로 드러나는 사랑을 함께 실천하는 날이다.

경전은 신의 뜻을 담은 성스러운 말씀이며, 각 종교는 그 말씀을 존중하고 경외하며 살아가는 길을 모색한다. 그러나 진정한 종교적 실천은 경전을 읽는 데 그치지 않고, 그 가르침이 사람과의 관계 속에서 살아 움직이게 하는 데 있다. 누군가의 아픔에 손을 얹고, 곁에 있어 주며, 함께 울어주는 그 행동 하나가 때론 많은 말보다 더 깊은 진리를 전한다. '무지개 피는 날'은 바로 그런 행동 하나하나가 모여 사랑이라는 공통의 언어로 사람과 사람을 잇는 날이 된다.

그날, 여러 종단의 사람들이 함께 모인 거리의 한복판에서 누군가는 따뜻한 밥을 푸고, 누군가는 국을 건네며, 누군가는 묵묵히 의자를 나르고, 또 누군가는 봉사 장소의 끝자락에서 조용히 어르신들의 신발을 정돈한다. 그 자리에선 어느 종교에서 왔는지가 중요하지 않다. 누가 먼저 기도했는지도, 어떤 신을 향해 마음을 열었는지도 중요하지 않다. 그날은 오직 '사람'이 중심에 있고, 그 사람을 위한 사랑이 모든 종교의 공통 언어

종교의 본질은 '믿음'이지만, 그 믿음이 결국 도달해야 하는 지점은 '사랑'이다. 서로를 향해 손을 내밀고, 이웃을 껴안고, 갈등을 넘어서 평화를 모색하는 그 모든 행위는 신을 향해 더 가까이 다가가는 과정이다. '무지개 피는 날'은 그 길목에서 각 종교가 함께 만나 손을 잡는 시간이다. 다름은 분리의 이유가 아니라 조화의 씨앗이 되고, 오랫동안 갈라졌던 손들이 다시 맞잡는 그 순간, 경전은 다시 삶 속에서 빛을 발하게 된다.

가 되는 날이다.

한 목회자는 '무지개 피는 날'이 가까워지던 어느 날 이렇게 말했다. "우리는 그날, 말씀을 전하기보다 손을 내밀기를 원합니다. 설교보다 실천이, 교리보다 동행이 더 필요하다는 것을 느낍니다." 그리고 한 스님은 말했다. "불경의 구절을 외우기보다, 그날만큼은 누군가의 눈을 바라보며 미소 짓고 싶습니다." 아직은 상상처럼 들릴지라도, 그 진심은 언젠가 '무지개 피는 날'에 현실이 될 수 있기를 바라는 많은 이들의 기도이고, 그 기도는 이미 사랑의 실천으로 이어지고 있다.

종교의 본질은 '믿음'이지만, 그 믿음이 결국 도달해야 하는 지점은 '사랑'이다. 서로를 향해 손을 내밀고, 이웃을 껴안고, 갈등을 넘어서 평화를 모색하는 그 모든 행위는 신을 향해 더 가까이 다가가는 과정이다. '무지개 피는 날'은 그 길목에서 각 종교가 함께 만나 손을 잡는 시간이다. 다름은 분리의 이유가 아니라 조화의 씨앗이 되고, 오랫동안 갈라졌던 손들이 다시 맞잡는 그 순간, 경전은 다시 삶 속에서 빛을 발하게 된다. 경전은 가르친다. 그리고 삶은 증명한다.

'무지개 피는 날', 우리는 삶으로 그것을 증명하는 사람들을 만난다. 쓰레기를 줍는 손끝, 무료급식소에서 국을 푸는 손길, 슬픔을 달래는 따뜻한 뒷모습…. 그 안에서 우리는 신의 사랑을 본다. 그것이 바로 '경전 너머에서 피어나는 사랑'이며, 그것이야말로 종교가 말없이 전하고자 했던 가장 본질적인 메시지다.

그날은 우리에게 묻는다. "당신은 무엇을 믿습니까?"가 아니라, "당신은 어떻게 사랑하고 있습니까?"라는 질문을 던지며, 그 물음 앞에서 우리는 자신이 섬기는 신의 얼굴을 떠올릴 수도 있다. 동시에 자신이 사랑했던 누군가의 눈동자를 떠올릴지도 모른다. '무지개 피는 날'은 그 기억을 다시 꺼내어 가슴에 품게 만드는 하루이며, 사랑을 다시 시작할 용기를 건네는 시간이다.

무지개는 각기 다른 파장의 빛이 조화를 이루며 하늘에 떠오르는 색의 아치이다. 서로 다른 진리와 언어, 기도의 방식이 하나의 곡선 아래 모이는 그 순간, 우리는 진정한 평화와 사랑이 어떤 것인지 체험하게 되며, 그날 경전의 가르침이 말이 아닌 손과 눈, 삶의 행동으로 드러난다면, 우리는 이미 가장 온전한 신앙을 실천하는 것이다.

'무지개 피는 날', 사랑이 먼저 행동으로 피어나는 하루가 되기를, 서로를 판단하기보다 껴안고 이해하는 시간이 되기를, 그리고 그 사랑이 오늘 하루를 넘어 우리의 일상 속에 잔잔히 스며들기를, 작지만 선명한 사랑이야말로 경전이 진심으로 가르치고자 했던 가장 위대한 진리이기를 바란다.

함께 기도했던 그날, 현실이 된 무지개의 장면

비 갠 하늘을 올려다보면, 어느 순간 무지개가 피어난다. 햇살과 비가 만나는 찰나에 생겨나는 그 아름다운 현상처럼, '무지개 피는 날'은 마음과 마음이 맞닿는 순간에 피어나는 날이다. 믿음이 다르고, 신을 부르는 이름과 예배의 형식이 달라도, 사람을 위한 기도는 언제나 하나이며, 무지개 아래에서 우리는 서로 다름을 품고 같은 하늘을 바라보며 함께 기도할 수 있다. 이것은 더 이상 상상이 아니다.

2019년, 뉴질랜드 크라이스트처치 총격 사건 후, 전 세계가 충격에 빠졌을 때, 뉴질랜드 웰링턴의 한 광장에서 기독교 목사, 이슬람 이맘, 불교 스님, 유대교 랍비, 힌두교 교도들이 나란히 서서 추모의 기도를 드렸다. 어떤 이는 조용히 묵상했고, 어떤 이는 고개를 숙여 울었으며, 누군가는 알라를 부르고, 누군가는 주님의 평화를 구했다. 그날, 수천 명의 사람들이 종교와 인종을 초월해 나란히 앉아 "우리는 한 사람의 고통 앞에서 함께할 수 있다."고 고백했다. 서로 다른 전통이 모였지만,

그 중심에는 오직 '사람'이 있었고, 그 기도는 하나의 무지개처럼 울려 퍼졌다.

또한 2021년, 바티칸에서는 교황 프란치스코가 로마의 한 사원에서 무슬림 지도자와 함께 평화 기도를 드리는 장면이 전 세계에 생중계되었다. 그 자리에서 교황은 말했다. "우리는 각자의 길에서 신을 향하지만, 이 땅의 고통을 함께 바라볼 수 있습니다." 그 순간은 종교 간 대화가 실제로 어떻게 실현될 수 있는지를 보여주는 소중한 본보기였으며, '서로를 이해하고 품는 일이 가능하다'는 희망을 사람들에게 심어주었다.

이러한 현실은 우리에게 분명한 가능성을 보여준다. 다름은 결코 분열의 씨앗이 아니라, 함께 살아가기 위한 대화의 시작이며, '무지개 피는 날'은 그 가능성을 일상 속에서 실천하는 날이 되어야 한다. 교회, 절, 모스크, 성당, 회당이 서로를 향해 문을 열고, 신앙인들이 서로의 기도를 존중하는 날. 말이 다르고 형식이 달라도, 사랑과 평화를 바라는 그 마음은 하나일 수 있다는 것을 온몸으로 증명하는 하루. 그것이 '무지개 피는 날'이다. 그날, 한 어린아이는 손을 모아 "엄마가 건강하길 기도해요."라고 중얼거리고, 어떤 어르신은 "이웃이 외롭지 않기를 바랍니다."라고 속삭이며, 또 다른 이는 "전쟁이 멈추기를 바랍니다."라고 조용히 눈을 감는다. 모두가 다른 자리에서, 다른 방식으로 기도하지만, 그 마음은 하나의 방향으로 흐른다. '무지개 피는 날', 그런 마음이 모여 하나의 기도가 되는 순간, 우리는 종교가 아닌 '사람'을 중심에 두고 함께 살아가는 길을 발견할 수 있다.

기도는 말이 아니라 마음이다. 언어가 다르고 형식이 달라도, 우리가 같은 하늘 아래 나란히 앉아 서로를 위해 기도하는 그 순간, 우리는 같은 인간으로 연결된다. '무지개 피는 날'은 그 연결을 기억하고 실천하는 날이다. 어떤 종교도 배제되지 않고, 어떤 신앙도 소외되지 않으며, 모든 믿음이 함께 어우러져 서로를 축복할 수 있는 날. 그것이야말로 '무지개 피는 날'의 진정한 얼굴이다.

무지개는 하늘을 나누지 않는다. 오히려 서로 다른 빛을 하나의 곡선 안에 품어낸다. 신앙도 그래야 한다. '무지개 피는 날', 우리는 말한다. "우리의 신은 다를지라도, 우리의 바람은 같다. 우리는 이 땅에 사랑이 깃들기를 기도합니다." 그 기도가 울려 퍼질 때, 무지개는 하늘뿐 아니라, 사람들의 마음에도 피어나기 시작한다.

그리고 그날, 우리는 알게 된다. 사람을 위한 기도를 드리는 그 시간이야말로 신을 향한 길이며, 다름은 결코 나뉨이 아니라 하나 됨을 위한 첫걸음이었다는 것을. '무지개 피는 날', 그 아래에서 우리는 함께 기도하고, 함께 살아가는 법을 배운다. 그것이 바로, 종교를 넘어 인간으로 다시 만나는 날이다.

'무지개 피는 날'. 정치는 국민의 마음속에 무지개를 피워내야 한다. 다른 생각들이 모여 더 나은 결론을 만들고, 다양한 목소리가 조화롭게 울려 퍼지는 하루. 정치란 경쟁이 아닌 협력이고, 갈등이 아닌 공감이며, 이념이 아닌 인간에 대한 책임이라는 것을 공유하는 날이 되어야 한다.

제8장

여야 없이 손을 맞잡는 날

정치는 사람을 향해야 한다

정치는 사람의 삶을 더 나아지게 하기 위해 존재해야 한다. 그러나 오늘날 우리는 정치를 둘러싼 언쟁과 갈등, 대립과 비난 속에서 정작 '사람'이 사라진 정치를 목격하게 된다. 정치는 법과 제도, 권력과 영향력 이전에 인간을 향한 마음이어야 한다. '무지개 피는 날'은 정치가 다시 사람을 향해 돌아가야 한다는 메시지를 던지는 날이다.

정치인은 국민의 삶을 대표하고 대변하는 자리다. 그런데 어느 순간부터 정치권은 서로의 차이를 인정하기보다는 그것을 무기로 삼아 상대를 공격하는 데 익숙해졌다. 여당과 야당이라는 이름 아래 서로를 향한 비난이 일상이 되고, 협치보다는 경쟁이 앞서는 것이 현실이다. 이 속에서 정치는 점점 신뢰를 잃고, 국민은 점점 멀어진다.

'무지개 피는 날'은 그런 정치의 풍경에 변화의 바람을 일으킬 수 있다. 단 하루라도 서로 다른 정당의 정치인들이 같은 자리에 앉아 서로의 입장을 듣고, 존중하며, '**사람을 위한 정치**'라는 공통된 목표를 다시 확인하는 날. 이날은 정파를 떠나, 누구보다 먼저 '사람'을 이야기할 수 있는 정치인이 되어야 하는 날이다.

정치는 결코 이념만으로 완성되지 않는다. 정치는 사람의 삶을 다루는 일이기 때문이다. 복지, 교육, 안전, 환경, 노동, 외교 이 모든 정책의 중심에는 항상 사람이 있어야 한다. '무지개 피는 날'은 정치를 다시 사람의 자리로 되돌리는 시간이다. 서로 다른 입장을 가진 이들이 '같은 사람'으로서 함께 웃고, 손을 맞잡는 경험은 단지 상징이 아니라 실질적인 변화의 씨앗이 될 수 있다.

정치가 사람에게 향할 때, 인간을 위한 사회로 회복된다. 국민은 정치인들을 통해 화해와 협력을 배운다. 그리고 그 모습이 우리 사회 전체에 존중과 배려의 문화를 확산시킨다. '무지개 피는 날'은 바로 그 시작점이 된다. 여야를 넘고, 세대와 지역을 넘으며, 오직 '사람'을 위하는 가치를 중심에 두는 정치.

그것이 이날이 바라는 진짜 정치의 모습이다.

무지개는 서로 다른 색이 조화를 이루며 피어난다. 정치는 서로 다른 의견과 철학, 배경을 가진 사람들이 모여 가장 좋은 길을 찾아가는 과정이다. '무지개 피는 날', 정치인들이 서로 다른 색을 인정하고 그 안에서 공통의 빛을 만들어낼 수 있다면, 우리는 정치를 통해서도 무지개를 볼 수 있을 것이다. 그날, 정치는 다시 사람을 바라보게 된다.

대립의 언어를 내려놓는 날

정치의 언어는 곧 사회의 말투가 된다. 정치인들이 사용하는 말, 국회 안에서 오가는 발언, 방송과 인터뷰에서 반복되는 단어들은 우리 일상 속의 대화에 고스란히 스며든다. 그래서 정치의 언어가 날카로워질수록, 사회의 분위기 또한 거칠어진다. '무지개 피는 날'은 그 대립의 언어를 잠시 내려놓고, 사람의 언어로 다시 말하는 날이 되어야 한다.

서로 다른 생각을 가진 것은 잘못이 아니다. 오히려 다양한 관점과 가치가 존재하는 사회는 건강하다. 문제는 그 다름을 어떻게 표현하느냐에 있다. 상대를 설득하기보다 공격하고,

설명하기보다 낙인찍는 말투는 결국 누구의 마음도 얻지 못한 채 갈등만 남긴다. '무지개 피는 날'은 정치인들이 서로의 다름을 인정하고, 존중하며, 함께 이야기할 수 있는 날이다. 이날만큼은, 이기려는 말이 아니라 이해하는 말이 오가야 한다.

대립의 언어는 강하지만, 공감의 언어는 깊다. "왜 그렇게 생각하셨나요?", "그 입장도 충분히 이해됩니다."라는 말 한마디는 단단했던 벽을 허무는 시작이 된다. '무지개 피는 날'은 정파와 이념을 떠나 인간적인 말이 오가는 하루가 되어야 한다. 방송 뉴스가 아닌 생생한 현장에서, 국회 속에서, 지역 주민 간의 모임 속에서 진심을 담은 말이 오가는 날. 그것이 정치의 본질이다. 이날은 또한 언론과 미디어의 역할도 중요하다. 자극적인 발언과 갈등을 부각하기보다, 화해와 공감의 메시지를 전하는 매체의 보도는 정치인들뿐 아니라 국민 모드에게 '화해와 포용의 말하는 법'을 알려주는 교과서가 된다. '무지개 피는 날'은 그러한 언론 환경의 전환을 위한 계기가 되어야 한다.

정치는 '승자'만 남는 게임이 아니다. 모든 국민이 함께 살아가는 삶의 장이다. 그 장에서는 말 한마디가 누군가에게는 위로가, 누군가에게는 상처가 된다. '무지개 피는 날'은 말의 무게를 다시 생각하게 만드는 날이다. "이 말이 정말 사람을 향한 것인가?", "내가 지금 건네는 말이 누군가를 살리는가?"를 스스로 점검하는 날. 그런 하루가 정치를, 그리고 사회를 바꿔 나간다.

무지개는 색이 달라서 더 아름답다. 서로 다른 입장이 조화를 이루려면, 그 조화를 만드는 언어가 필요하다. '무지개 피는 날'은 그 언어를 연습하는 날이고, 서로 다른 생각들이 충돌이 아닌 연결로 이어질 수 있다는 가능성을 확인하는 날이다. 그날, 우리는 대립의 언어 대신 공감의 문장을 말하게 된다. 그리고 그 말들 위에 무지개는 천천히, 아름답게 피어난다.

정치, 다름을 품어 하나됨으로 가는 길

정치는 다양한 관점의 충돌 속에서 최선의 해답을 찾아가는 과정이다. 여당과 야당, 보수와 진보, 세대와 지역, 다양한 배경과 생각을 가진 정치인들은 각자의 가치와 비전을 품고 공공의 문제를 바라본다. 때로는 출발점이 다르고 방향이 어긋날 수도 있지만, 목적지는 결국 같아야 한다. 그 목적지는 오직 '국민'이며, '무지개 피는 날'은 서로 다른 생각을 가진 정치인들이 그 국민을 향해 같은 마음으로 걷고 있다는 사실을 함께 확인하는 날이 되어야 한다.

정치의 본질은 다름을 견디는 일이다. 서로의 의견이 다르다고 해서 그 누군가가 틀렸다고 단정지어서는 안 된다. 오히려 다양한 시선이 충돌할수록 우리는 더 나은 정책, 더 건강한 사회를 만들어갈 수 있는 길을 찾게 된다. 진짜 문제는 그 다름을 존중하지 않고, 상대의 생각을 무시하며 배척하는 태도에 있다. '무지개 피는 날'은 그런 배제의 정치를 넘어, 상생의 정치가 실현될 수 있다는 희망을 품는 하루다.

정치인이 정치인을 향해 먼저 손을 내미는 모습, 서로의 목소리에 귀 기울이는 태도, 그리고 국회 안팎에서 함께 국민을 걱정하는 장면은 단지 정치적인 연출이 아니라, 국민에게 깊은 울림을 주는 진정성 있는 순간이다. "나는 당신과 생각은 다르지만, 그 마음은 이해합니다."라는 한마디는 정치의 품격을 바꾸고, 신뢰의 정치를 가능하게 한다. '무지개 피는 날'은 바로 그런 장면이 곳곳에서 자연스럽게 피어나는 날이다.

우리는 실제로 그러한 순간들을 목격한 적이 있다. 국가적 재난, 감염병 위기, 대규모 화재와 자연재해 앞에서 여야는 함께 서 있었고, 국민을 위한 선택을 했다. 2020년 코로나19 초기, 여야 지도부가 마스크 공적 공급 확대와 긴급재난지원금 지급 문제에 대해 초당적으로 협력하며 '함께 살자'는 메시지를 낸 일은 많은 국민에게 깊은 인상을 남겼다. 위기 앞에서 정치

정치의 본질은 다름을 견디는 일이다. 서로의 의견이 다르다고 해서 그 누군가가 틀렸다고 단정지어서는 안 된다. 오히려 다양한 시선이 충돌할수록 우리는 더 나은 정책, 더 건강한 사회를 만들어갈 수 있는 길을 찾게 된다. 진짜 문제는 그 다름을 존중하지 않고, 상대의 생각을 무시하며 배척하는 태도에 있다. '무지개 피는 날'은 그런 배제의 정치를 넘어, 상생의 정치가 실현될 수 있다는 희망을 품는 하루다.

는 하나가 되었고, 국민은 그 모습을 보며 '정치도 국민을 위해 변화할 수 있다.'는 가능성을 다시 발견했다.

'무지개 피는 날'은 그러한 단결의 장면이 위기 때만 일어나는 특별한 사례가 아닌, 일상의 정치 속에서도 가능하다는 것을 보여주는 날이다. 서로 다른 의견 속에서도 하나의 마음이 흐를 수 있으며, 대립 속에서도 존중은 가능하다는 것을 정치가 먼저 실천으로 증명하는 하루가 되어야 한다.

무지개는 단 하나의 색으로는 완성되지 않는다. 붉은색, 주황색, 노란색, 초록색, 파란색, 남색, 보라색 —모두가 서로를 다치지 않으면서도 한 곡선 안에 어우러질 때, 우리는 비로소 그것을 무지개라 부른다. 정치도 그래야 한다. 서로 다른 이념과 정책, 역사와 세대를 존중하면서도, 결국은 국민이라는 하나의 중심을 향해 조화를 이룰 때, 그 정치가 비로소 국민에게 희망을 줄 수 있다.

'무지개 피는 날', 정치는 국민의 마음속에 무지개를 피워내야 한다. 다른 생각들이 모여 더 나은 결론을 만들고, 다양한 목소리가 조화롭게 울려 퍼지는 하루. 정치란 경쟁이 아닌 협력이고, 갈등이 아닌 공감이며, 이념이 아닌 인간에 대한 책임이라는 것을 공유하는 날이 되어야 한다.

그날, 우리는 다름을 두려워하지 않고, 같은 마음으로 국민을 바라볼 수 있다. 그리고 그 순간, 정치에도 무지개가 피어난다.

국민 앞에 같은 마음으로 서는 날

정치인은 늘 국민 앞에 서야 한다. 그러나 그 모습이 서로를 향해 맞서는 얼굴이어서는 안 된다. '무지개 피는 날'은 정치인이 여야의 경계를 넘어서 국민 앞에 '하나의 마음'으로 서는 날이어야 한다. 이날만큼은 정당보다 국민을 먼저 생각하고, 소속보다 책임을 먼저 떠올리는 시간이어야 한다. 국민이 진정으로 바라는 정치는 '서로에게 이긴' 정치가 아니다. '서로 함께하는' 정치다.

정치는 국민의 삶을 지켜보는 창이자, 그 목소리를 대변하는 스피커다. 그렇기에 국민은 정치가 갈등을 조율하고, 방향을 제시하며, 무거운 현실 앞에서 해답을 찾아주길 바란다. 하지만 현실 속 정치는 종종 갈라진 진영의 프레임 안에 스스로 가두고, 국민 앞에서도 등을 돌린다. '무지개 피는 날'은 그 벽을 허물고, 정치가 다시 국민 앞에 함께 서는 모습을 보여주는 하루가 되어야 한다. 그 가능성은 언제나 우리에게 열려 있었다.

2014년 세월호 참사 당시, 여야 정치인들은 국회에서 유족들을 직접 만나 고개를 숙이고, 진상규명 특별법 제정을 위해 함께 토론 자리에 앉았다. 서로의 책임을 따지기에 앞서, 먼저 국민의 아픔 앞에서 하나가 되려고 노력했던 그 모습은 많은 이들에게 정치의 역할이 무엇인지를 되묻게 했다.

또한 2022년 강릉 산불 당시, 여야 국회의원들이 정쟁을 내려놓고 재해현장을 함께 찾았고, 현장에서 주민과 대화를 나누며 실질적 복구 대책을 논의했다. 그날, 누구도 소속을 내세우지 않았고, 국민은 그 모습에서 작은 희망을 보았다. '무지개 피는 날'은 그런 정치의 진심 어린 모습이 특별한 사건이 아닌, 일상의 풍경이 되는 날이어야 한다.

국민 앞에 서는 태도는 겸손에서 출발해야 한다. 오만이나 자만이 아닌, 경청과 배려가 정치인의 말과 행동에 스며들어야 한다. 그날만큼은 정치인들이 자신의 구호나 표어보다 국민의 이야기를 먼저 듣고, 국민의 상처를 온전히 받아들이는 시간이 되어야 한다. 그 진심이 쌓이면 정치는 다시 신뢰를 회복할 수 있고, 국민은 정치의 본래 가치를 다시 느낄 수 있다.

이날은 정치인에게 '함께 걷는 법'을 다시 가르치는 시간이다. 앞서가며 이끄는 것도, 뒤에 남아 이끌림을 받는 것도 아닌,

국민과 나란히 걷는 자세. 선거철이 아닌, 특별한 이벤트도 아닌, 평범한 어느 골목에서 눈을 맞추고, 손을 잡고, 이야기를 들어주는 것. '무지개 피는 날'은 그 일상의 정치가 회복하는 시간이다. 쇼가 아닌 진심, 선거철 이벤트가 아닌 지속 가능한 관계. 그날, 우리는 사람을 향해 다가가는 '진심의 정치'를 목격하게 된다. 정치는 갈등을 조율하는 일이지만, 그보다 더 중요한 것은 희망을 만드는 일이다.

정치인이 사람을 향해 한 방향으로 바라보며 국민 앞에 나란히 서는 모습은 그것만으로도 사회 전체에 협력과 연대의 가능성을 심어준다. '무지개 피는 날'은 그런 감동을 나누는 날이 되어야 한다. 대립의 구도 대신 이해의 시선, 경쟁의 논리 대신 공존의 마음이 국민 앞에서 펼쳐지는 하루. 국민은 그날을 기다리고 있다.

무지개는 모든 색이 하나로 어우러질 때 아름답다. 정치도 마찬가지다. 각자의 색은 다르지만, 그 색들이 충돌하지 않고 하나의 아치로 이어질 때, 우리는 그것을 정치의 이상이라 부른다. '무지개 피는 날', 정치인들이 함께 손을 맞잡고 국민 앞에 서는 장면은 그것만으로도 희망의 상징이 된다. 그리고 그날, 국민은 다시 정치를 믿게 되고, 정치는 다시 국민에게 다가서게 된다. 정치가 국민에게 사랑받는 날이 아니라, 국민을 진심으로 사랑하는 날. '무지개 피는 날'이 바로 그날이다.

분열의 끝에서 피어난 무지개

정치는 때로 분열의 언어로 흐른다. 서로 다른 생각은 존중받기보다 반목의 근거가 되고, 각자의 진영은 설득이 아닌 고립으로 강화되곤 한다. 우리는 그런 풍경을 정치 뉴스 속에서, 국회 회의장에서, 심지어는 일상의 대화 속에서도 어렵지 않게 마주한다. 그러나 그러한 날들이 길어질수록 국민의 마음은 점점 메말라간다. 기대는 실망으로, 희망은 체념으로 변하고, 공동체는 점차 균열 속에 지쳐간다.

'무지개 피는 날'은 바로 그런 분열의 끝에서 피어나는 하나의 희망이다. 대립의 시대를 지나, 이제는 함께 걸어야 한다는 것을 정치가 먼저 보여주는 날이어야 한다. 이날만큼은 여야의 경계를 넘어서, 진영을 뛰어넘고, 국민 앞에서 같은 방향을 바라보는 정치를 실현하는 시간이어야 한다. 날 선 비난 대신 국민을 위한 따뜻한 눈빛이 오가고, 경쟁이 아닌 존중과 공감이 정치를 채우는 날. '무지개 피는 날'은 그런 가능성을 현실로 만드는 하나의 시작이다.

실제로 그러한 순간은 존재했다.

지난 2021년 7월, 서울과 수도권에 기록적인 폭우가 쏟아졌을 때, 여야 국회의원들은 수해 복구 현장에서 함께 빗자루를 들고 진흙을 쓸어내며, 현장 주민들과 대화를 나눴다. 정당 간 대립은 그 순간만큼은 무의미했고, 여야 의원들이 장화를 신고 함께 주민들의 손을 잡는 장면은 많은 국민에게 감동을 주었다. 또한 2023년 강원도 산불 발생 당시, 국회 행정안전위원회 소속 의원들은 정당을 초월해 신속히 현장을 방문했고, 여야가 합의하여 특별재난지역 선포와 예산지원을 위한 긴급 예산안도 일사천리로 통과시켰다. 그날 정치인들은 색깔이 아닌 사람을 우선했고, 국민은 그 안에서 진짜 '정치의 힘'을 보았다.

분열은 우리를 단순하게 만든다. '나'와 '너', '우리'와 '그들'로 나누고, 그 경계 너머의 존재는 종종 이해의 대상이 아닌 배제의 대상으로 전락한다. 그러나 국민의 삶은 결코 그렇게 단순하지 않다. 한 개인의 삶에는 진보도 있고 보수도 있으며, 때로는 서울의 생각, 때로는 지방의 감성이 공존한다. 그 복잡함을 인정하는 일, 다양한 시선 속에서 균형을 찾으려는 자세가 지금 우리에게 필요하다. '무지개 피는 날'은 그 출발선이다.

색이 많기에 무지개는 아름답고, 생각이 다르기에 정치도 더 풍성해질 수 있다. 만약 이날, 국회 앞마당에서 여야 대표가 나란히 국민 앞에 서서, "우리는 다르지만, 함께 갈 수 있습니다."라고 말한다면, 그것만으로도 국민은 깊은 울림을 느낄 것이다. 그리고 국민은 그 장면을 통해 깨닫게 된다. '우리 사회도 다시 하나가 될 수 있다'는 사실을.

분열의 끝에서 피어나는 무지개는 단지 정치적 이벤트가 아니라, 공동체 전체가 '다시 함께할 수 있다'는 가능성에 대한 실질적인 선언이다. 갈등을 이용해 이득을 취하는 정치를 넘어, 다름을 존중하며 함께 살아가는 정치를 보여주는 순간. '무지개 피는 날'은 그 가능성을 눈앞에 펼쳐주는 시간이다. 이날은 정치인만이 아니라, 모든 국민이 분열의 언어 대신 서로를 공동체의 일원으로 바라보며 다시 품는 날이 되어야 한다. 여야 지지자, 세대, 지역, 계층을 가리지 않고 "당신도 나의 이웃입니다."라고 말할 수 있는 용기가 발휘되어야 한다. 무지개는 갈라진 빛이 하나의 조화를 이루며 완성된다. 정치는 그 빛의 조율자여야 한다. '무지개 피는 날', 우리는 더 이상 서로를 향한 손가락질이 아닌, 서로를 향한 악수를 나누는 정치를 보게 되기를 바란다. 그날 정치가 보여주는 '무지개'는 단지 하늘에 뜬 색의 띠가 아니라, 우리 사회가 나아가야 할 방향을 비추는 빛나는 이정표가 될 것이다.

상처 위에 핀 연대의 빛, 무지개의 이름으로

1980년 5월, 광주의 시민들은 평범한 일상을 지키기 위해 총칼 앞에 서야 했다. 정의와 자유를 외쳤던 그날의 진심은 오랫동안 외면당했고, 왜곡되었으며, 침묵 속에 묻혀버렸다. 그 아픔은 특정 세대를 넘어 지금까지도 지역 간의 감정, 이념의 경계, 정치적 편 가르기의 상처로 이어져 우리 사회에 깊은 골을 남기고 있다.

우리는 서로 다른 생각을 갖고 살아가는 민주주의 사회에 살고 있지만, 여전히 다름이 틀림으로 몰리는 분위기 속에 많은 이들이 말하기를 주저하고, 이해보다는 의심의 시선을 먼저 보낸다. 광주에서 시작된 고통은 전라도 전체로 확산되었고, 한 지역의 이름은 편견이라는 낙인으로 고착되었으며, 그 땅의 사람들은 왜곡된 시선과 오해 속에서 살아가고 있다.

이러한 시대 속에서 '무지개 피는 날'은 단지 하루에 끝나는 행사가 아니다. 그것은 분열을 넘어 회복으로 가는 사회적 선언이며, 가장 낮은 곳에서부터 다시 손을 내미는 연대의 시작이다. 비 온 뒤에야 피어나는 무지개처럼, 고통과 그리움, 오해와 단절 위에 우리는 서로를 바라볼 수 있는 하루를 마련해야 한다.

무지개는 하나의 빛으로는 완성되지 않는다. 각기 다른 빛이 포개지고, 섞이고, 어우러질 때 비로소 그 찬란함을 드러낸다. 그 안에서 각자의 색은 혼자일 때보다 함께일 때 더 깊은 의미를 가지며, 하나로 겹쳐질 때 세상에 하나뿐인 하늘의 선물이 된다. 우리 사회도 그러하다. 다름이 존중받고, 아픔에 귀 기울이는 이들이 많아져서 소외되고 외면당하는 사람들이 다시 살아갈 희망을 가질 때라야 우리는 진짜 공동체라 부를 수 있다.

광주의 5월은 어떤 정치의 언어로 단순화될 수 없다. 그것은 오늘을 살아가는 시민 모두가 함께 껴안아야 할 우리의 이야기이며, 결코 반복되어서는 안 될 역사이자, 오래도록 기억되어야 할 삶의 울림이다. '무지개 피는 날'은 아픈 기억을 외면하지 않고 품어 안으며, 오늘의 우리로 살아내자는 고백이자 다짐이다. 이날이 필요한 이유는 단순한 화합이 아니다. 진심 어린 공감과 치유가 여전히 절실하기 때문이다. 서로의 아픔을 마주하고, 말하지 못한 마음을 듣는 하루. 그 하루는 우리가 서로를 다시 사람으로 바라보는 시간이다.

분열의 언어를 내려놓고, 같은 하늘 아래에서 "그날 당신이 있었기에 오늘의 내가 있다."고 고백할 수 있는 날, 그것이 '무지개 피는 날'이 품고 있는 진짜 의미이다. 우리가 함께 그리는 미래가 하나 된 사회라면, 그 시작은 서로의 색을 존중하고,

무지개는 하늘에만 피지 않는다. 그것은 사람의 눈물에서, 한 줄기 미소에서, 다시 건네는 인사 속에서 피어나는 사랑의 빛이다. '무지개 피는 날'은 바로 그렇게 사랑을 회복하는 날이다.

각자의 고통을 이해하며, 다름을 껴안는 하루의 용기에서 출발해야 한다.

'무지개 피는 날', 그 하루만큼은 오해가 공감으로, 편견이 존중으로, 갈등이 온기로 바뀌는 기적이 일어나야 한다. 그리고 언젠가 우리는 7월 7일을 단지 기념하는 날이 아니라, 함께 살아가는 법을 배우는 날, 잊힌 이름을 다시 부르는 날로 기억하게 될 것이다.

그날, 사람은 사람을 용서하고, 시대는 시대를 껴안는다. 한 사람의 작은 인사는 하나의 역사를 치유하는 시작이 된다. 무지개는 하늘에만 피지 않는다. 그것은 사람의 눈물에서, 한 줄기 미소에서, 다시 건네는 인사 속에서 피어나는 사랑의 빛이다. '무지개 피는 날'은 바로 그렇게 사랑을 회복하는 날이다.

국민의 얼굴을 닮은 정치, 그날 다시 피어난다

국민은 정치에 대해 많은 것을 바라지 않는다. 그저 정치가 '사람을 위한 일'이길 바란다. 크고 요란한 비전이 아니라, 조용히 국민의 삶을 들여다보고, 어려움이 닥쳤을 때 발 빠르게 움직이며, 약자의 목소리에 귀 기울이고, 사회의 균형을 위해 묵묵히 애쓰는 것. 국민이 진심으로 바라는 정치의 얼굴은 화려한 언변이나 큰 박수 속에 있는 것이 아니라, 작고 진심 어린 행동 속에 있다. '무지개 피는 날'은 바로 그 얼굴을 정치가 다시 회복하는 날이 되어야 한다.

정치는 국민을 먼저 바라보아야 한다. 서민의 삶을 이해하고, 청년의 미래를 고민하며, 어르신들의 불안을 함께 품어야 한다. 그 얼굴에는 웃음도 있고, 주름도 있고, 때로는 눈물과 좌절도 있어야 한다.

그러나 현실의 정치가 국민의 얼굴이 아니라 정당의 로고, 권력의 상징, 이념의 깃발로만 가득하다면, 국민의 기대는 결국 실망으로 돌아서게 된다. '무지개 피는 날'은 그 길을 되돌려, 정치가 국민을 향해 진심으로 돌아서는 날이어야 한다. 그 가능성을 우리는 기억한다.

2020년, 코로나19로 전 세계가 멈춰 섰을 때, 당시 여야 정치인들은 각자의 정당 색을 내려놓고 국민을 위한 긴급재난지원금 합의에 나섰다. 그 과정에서 여야 대표가 함께 기자회견을 열고, "국민 여러분이 힘들다는 목소리 앞에, 우리도 똑같이 아픕니다. 여야 없이 해법을 찾겠습니다."라고 말하던 모습은 국민의 마음을 울렸다. 그날, 정치는 갈등의 얼굴이 아닌 함께 걷는 동행의 얼굴을 보여주었다. 또 하나의 기억은, 2018년 故 이한열 열사의 어머니와 5.18 유가족들이 국회에 초대되어 여야 정치인과 함께 손을 맞잡고 눈물로 화해를 말했던 장면이다.

정치적 견해는 달라도 국민의 고통을 같이했을 때, 그날의 정치는 이념이 아닌 인간의 얼굴을 되찾았다. '무지개 피는 날'은 그 장면을 우리 일상의 정치로 다시 불러오는 날이 되어야 한다. 이날, 정치인은 '대표자'가 아니라 '동행자'로 국민 앞에 서야 한다. 고개를 숙이고, 마음을 열며, "함께 가겠습니다."라는 진심 어린 한마디를 내어놓을 수 있어야 한다. 그 말이 보여주기 쇼가 아니라 실천으로 이어질 때, 국민은 자신의 삶이 존중받고 있다는 신뢰를 회복할 수 있다.

정치의 얼굴이 따뜻해야 국민의 마음도 녹는다. 차가운 말, 냉소적인 태도, 진영 논리로 가득 찬 정치 속에서는 그 어떤 정책도 감동을 줄 수 없다. 국민은 결과만이 아니라, 그 결과에 이르는 과정도 함께 느끼고 싶어 한다. '무지개 피는 날'은 그 과정에서 따뜻함이 회복되는 날이다. "그들이 함께 웃는 모습을 보니 나도 마음이 편해졌다." 국민이 그렇게 느끼는 순간, 정치는 다시 신뢰를 얻는다. 국민은 완벽한 정치인을 원하는 것이 아니다. 다만, 자신을 기억하고, 존중하고, 이해하려고 애쓰는 '그 마음'을 느끼고 싶어 한다. 그 마음이 전해지는 순간, 무관심은 관심으로 바뀌고, 불신은 참여로 바뀐다.

'무지개 피는 날'은 그 신뢰 회복의 첫 문이 열리는 날이다. 그리고 그 신뢰는 결국 정치인의 얼굴, 그 따뜻한 표정과 진심에서 시작된다. 무지개는 하늘에 잠시 머무는 기적 같은 풍경이다. 하지만 그 찰나의 빛은 보는 이의 가슴에 오래 남는다. 정치도 그렇다. 정치가 국민에게 진짜 얼굴을 보여줄 수 있다면, 그 하루는 국민의 가슴 속에 평생 기억될 정치의 장면이 된다. 그리고 그날의 정치인은 국민이 기다렸던, 사람의 얼굴을 한 정치인이 될 것이다.

'무지개 피는 날'은 단순한 기념일이 아니라, 인류의 새로운 문화가 될 수 있다. 현재 우리가 다양한 세계기념일을 통해 하나의 가치를 같이 공유하듯이, '무지개 피는 날'도 세계인의 '화해와 만남의 날'로 기념할 수 있다.

제9장

무지개는 국경을
넘어 피어납니다

대한민국에서 시작된 작은 날

'무지개 피는 날'은 2024년 7월 7일, 대한민국 국회의원회관에서 처음 선포되었다. 그날의 의미는 소리 없는 울림으로 사람들의 가슴에 번져 나갔다. 처음 함께한 사람들은 각자의 이유로 이 자리에 모였다. 누군가는 이념을 넘어 화해를 원했고, 누군가는 오랜 가족의 재회를 바랐고, 또 누군가는 서로 다른 문화와 종교, 피부색과 언어 속에서도 함께 웃는 세상을 상상했다. 모두의 꿈은 같지 않았지만, 그날만큼은 모두의 방향이 '만남'이라는 단어로 모아졌다.

'무지개 피는 날'은 누군가를 위한 특별한 날이 아니라, 모두를 위한 아주 보편적인 제안의 날이다. 그리고 그 보편성이야말로 이날이 가진 가장 강력한 가능성이다. 대한민국이라는 작은 나라에서 시작되었지만, 담고 있는 가치는 모든 인류가 지향하고 있는 사랑, 만남, 화해, 존중, 공존이다. 누구도 그 가치를 거부할 수 없고, 어느 나라의 문화나 종교도 그것을 해치지 않는다. '무지개 피는 날'은 모든 문화와 사상, 전통과 신앙이 조화롭게 어우러지는 가장 따뜻한 공간을 상상하게 만든다.

하지만 아직은 그 시작점에 있다. '무지개 피는 날'은 한국이라는 한 국가 안에서 소수의 사람들만이 기억하고 실천하는 날이다. 해외로 널리 알려지지도 않았고, 국제기구나 세계 언론이 주목한 적도 없다. 그러나 지금, 새벽의 여명처럼 고요히 퍼져나가고 있다. 잔잔한 물결처럼 사람들의 일상과 관계 속으로 스며들어, 언젠가 지구의 반대편에서도 이날을 기념하게 될 날을 차분하게 준비하고 있는 것이다.

해외에 거주하는 교민들 사이에서는 벌써 "이 의미 있는 날을 우리도 함께하고 싶다."는 이야기가 오가고 있다. 물론 아직은 공식적인 행사나 제도가 마련된 것은 아니다. 다만 그 소망이 존재한다는 사실만으로도 이날이 가진 힘을 느낄 수 있다. 언젠가 미국의 한 도시에서, 프랑스의 한 광장에서, 케냐의 학교 운동장에서, 인도네시아의 해변 마을에서 '무지개 피는 날'이 열린다면, 그것은 한국에서 시작된 이 작은 씨앗이 각자의 방식으로 자라난 결과일 것이다.

해마다 7월 7일이 되면, 지구촌의 모든 주민들이 각자의 시간에 맞추어 한 명의 이웃에게 전화를 걸고, 오래된 친구에게 메시지를 보내며, 가족과 함께 식사를 준비하고, 때로는 다툰 친구에게 손을 내미는 모습을 상상해 보자. …이날의 핵심은 그 누구도 소외되지 않고, 미움받지 않는 하루를 경험하는 것. 그리고 그 하루가 끝난 후에도 계속되는 만남의 끈을 이어가는 것이다.

상상해 보자. 세계 여러 나라의 사람들이 7월 7일, 각자의 시간에 맞춰 한 명의 이웃에게 전화를 걸고, 오래된 친구에게 메시지를 보내며, 가족과 함께 식사를 준비하고, 때로는 다툰 친구에게 손을 내미는 모습을. 어떤 나라는 차분히 산책으로 이날을 기념할 수도 있고, 어떤 나라는 거리에서 다문화 퍼레이드를 열며 사람들의 화합을 보여줄 수도 있다. 그 방식은 달라도 마음은 하나일 것이다. 이날의 핵심은 그 누구도 소외되지 않고, 미움받지 않는 하루를 경험하는 것. 그리고 그 하루가 끝난 후에도 계속되는 만남의 끈을 이어가는 것이다.

'무지개 피는 날'은 단순한 기념일이 아니라, 인류의 새로운 문화가 될 수 있다. 현재 우리가 다양한 세계기념일을 통해 하나의 가치를 같이 공유하듯이, '무지개 피는 날'도 세계인의 '화해와 만남의 날'로 기념할 수 있다. 그것은 어떤 제도나 힘으로 밀어 붙여지는 것이 아니라, 사람들 스스로가 필요하다고 느낄 때 자연스럽게 받아들이게 될 것이다. 지금은 그날을 준비하는 시간이다. 한 사람 한 사람의 마음속에 이날의 씨앗이 뿌려지고 있는 중이다.

대한민국에서 시작된 '무지개 피는 날'은 아직 먼 길을 남겨두고 있다. 하지만 이 작은 날이 머지않아 전 세계에서 기억되고 실천되기를 바라는 간절한 바람이 있다. 언젠가 세계 지도

자들이 이날을 함께 선언하고, 각국의 도시들이 무지개색으로 물들며, 아이들이 학교에서 이날의 의미를 배우고, 다양한 민족과 종교의 사람들이 함께 모여 같은 하늘 아래서 웃게 되는 날이 오기를!

우리는 그 길의 출발선에 서 있다. 하지만 그 시작이 아름다웠기에, 그 끝도 분명 아름다울 것이라 믿는다. 무지개는 언제나 비가 지난 뒤에 떠오른다. 세상 곳곳에 갈등과 아픔이 존재하는 지금, '무지개 피는 날'은 그 모든 상처를 딛고 일어설 새로운 희망의 빛이다. 그리고 그 빛은 국경을 넘어, 사람을 넘어, 결국 인류 전체를 감싸게 될 것이다.

지구촌 모두가 기억하는 7월 7일

언젠가 7월 7일이 전 세계에서 기억되는 날이 되기를 우리는 꿈꾼다. 각국의 달력에 '무지개 피는 날'이라는 문구가 인쇄되고, 사람들은 이날을 기다리며 따뜻한 만남을 준비하는 모습을 상상해 본다. 지금은 대한민국에서 조용히 피어난 씨앗에 불과하지만, 그것이 언젠가는 지구촌 전체에 퍼질 거라는 믿음은 결코 헛된 바람이 아니다.

세계는 지금, 하나의 기념일을 함께 지키고 공감하는 문화를 이미 경험하고 있다. 지구의 환경을 지키기 위한 '지구의 날', 여성 인권을 돌아보는 '세계 여성의 날', 노동의 권리를 되새기는 '노동절'처럼, '무지개 피는 날' 역시 새로운 문화적 기념이 될 수 있다. 다만 이날은 '사람' 그 자체에 대한 기념이다. 누구나 이해받기 원하고, 누구나 연결되기 원하는 마음을 담아낸 날. 그런 보편적인 감정은 언젠가 전 세계 어디에서든 공감받게 되리라.

7월 7일이 국제기구의 인정을 받고, 각국의 시민사회가 함께 기획하고, 도시의 광장과 공원이 무지개로 장식되는 그날을 떠올려보자. 각 나라의 어린이들이 학교에서 '무지개 피는 날'을 배우고, 한 학기 동안 만남의 의미를 공부하며, 그날만큼은 경쟁이 아닌 협력, 배제가 아닌 환대를 경험하는 교육이 이루어질 수 있다면, 우리는 다음 세대에게 더 나은 세계를 물려줄 수 있을 것이다.

상상 속에서만이 아니다. 이미 많은 나라에서 다양한 형태의 연대의 날이 운영되고 있다. 캐나다에서는 '다문화의 날'을 통해 다양한 이민자 공동체의 문화를 존중하고 나눈다. 남아프리카공화국의 '화해의 날'은 과거 인종 차별로 인한 상처를 치유하기 위한 목적으로 지정되었다. 이런 날들은 모두 '공존'이라는 가치를 문화로, 제도로, 기억으로 만든 예시들이다. '무지개 피는 날'도 그처럼 자리매김할 수 있다.

어느 날 아침, BBC 뉴스에서는 유럽 여러 도시에서 열린 '무지개 피는 날' 행사를 조명하고, CNN에서는 아시아, 아프리카의 다양한 마을에서 사람들이 이날을 어떻게 기념하는지를 보도하게 될 것이다. 유튜브에는 다양한 언어로 "해피 레인보우 데이!"라고 말하는 사람들이 짧은 메시지를 공유하며, SNS에서는 #RainbowDay, #무지개피는날 해시태그가 세계인의 타임라인을 물들일 것이다. 아직은 실현되지 않았지만, 그 장면을 상상하는 것만으로도 마음은 따뜻해진다.

7월 7일이 지구촌 모두의 날이 되려면, 누군가는 먼저 그날을 기억해야 한다. 그리고 그 기억을 나누고, 의미를 확장하며, 다른 사람에게 전하는 일부터 시작해야 한다. 대한민국에서 시작된 이날이 그 첫 번째 기억이라면, 지금 이 순간도 누군가는 두 번째 기억을 만들고 있을 것이다. 작은 마을의 도서관에서, 어느 NGO 사무실에서, 다문화 가정의 거실에서 이날의 의미를 되새기는 사람들이 있다면, 그것은 세 번째, 네 번째 기억으로 이어질 것이다. 기억은 문화가 되고, 문화는 곧 역사가 된다. '무지개 피는 날'이 한국의 작은 선언에서 출발했지만, 그것이 인류 전체의 문화가 될 수 있다는 것을 우리는 믿는다. 사랑이 한 사람에게서 시작되어 전 인류를 감싸듯, '무지개 피는 날'도 한 나라에서 시작되어 지구 전체로 퍼질 수 있을 것이다.

지구촌 모두가 기억하는 7월 7일. 그날, 사람들은 국적도, 언어도, 피부색도 넘어서 서로를 향해 "반가워요.", "고마워요.", "사랑해요."라고 말한다. 그날, 우리는 더 이상 다르지 않다. 그날, 지구는 하나의 무지개가 되리라.

언어는 달라도 만남의 기쁨은 같다

사람이 사람을 만날 때, 언어는 필요한 도구지만 전부는 아니다. 처음 만나는 사람의 언어를 몰라도, 미소를 보면 마음이 놓인다. 말이 통하지 않아도 따뜻한 눈빛과 손짓 하나에 우리는 안심한다. 그것이 인간이 지닌 공통의 감각이고, 감정이며, 본능이다. '무지개 피는 날'이 국경을 넘을 때, 우리가 가장 먼저 확인하게 될 것은 언어보다 앞선 '마음의 소통'이다.

세계 각국의 언어는 수천 가지가 넘는다. 어순도 다르고, 표현 방식도 다르며, 같은 단어라도 문화에 따라 그 의미가 완전히 다르기도 하다. 그러나 '만난다'는 감정, '반갑다'는 마음, 그리고 '같이 있어서 좋다'는 느낌은 모두 같다. '무지개 피는 날'이 각국의 문화와 언어 속으로 퍼져 나갈 때, 그날을 기념하는 방식은 조금씩 다를 수 있다. 하지만 그 중심에 있는 감정은 하나일 것이다.

예를 들어 일본에서는 '아이카타(相方)'라는 단어를 사용한다. 이 말은 단순히 '파트너'라는 뜻을 넘어, '인생의 짝', '함께 걸어가는 사람'이라는 깊은 의미를 품고 있다. 일본에서 '무지개 피는 날'이 열린다면, '아이카타'라는 이름으로 서로의 손을 잡고 걷는 무지개 걷기 캠페인이 펼쳐질지도 모른다. 서로 다른 생각과 배경을 가진 사람들이 "당신은 나의 아이카타입니다."라고 말하며 함께 걸을 수 있다면, 그것은 언어를 넘어선 깊은 공감의 순간이 된다.

브라질의 리우 거리에서는 다양한 민족이 어우러진 축제가 무지개 깃발 아래에서 열릴 수 있다. 케냐의 초등학교에서는 아이들이 "당신은 나의 친구입니다."라는 문장을 현지어로 배워 다른 국적의 친구들에게 전하며, 포옹이나 악수 대신 눈빛과 미소로 마음을 나누는 모습이 펼쳐질지도 모른다. 이 모든 풍경은 언젠가 '무지개 피는 날'이 세계로 확산될 때 자연스럽게 피어날 감동의 순간들이다.

각 나라의 인사말은 다르다. 안녕하세요 헬로, 니하오, 봉

주르, 마라하바. 하지만 인사를 건네는 그 순간의 표정은 서로 닮아 있다. 언어는 도구이고, 그보다 앞서는 것은 마음이다. '무지개 피는 날'은 바로 그 마음을 나누는 날이다. 같은 언어를 쓰지 않아도 "당신을 존중합니다.", "당신과 함께 있고 싶습니다."라는 감정을 몸짓과 표정, 그리고 침묵 속의 공감으로 나눌 수 있다. 오히려 언어가 다르기에 더 특별한 감동이 생길 수 있다. 서툰 발음으로 건네는 "고마워요."라는 말 한마디, 억양이 다른 "보고 싶어요."라는 인사가 더 마음을 울릴 것이다. '무지개 피는 날'이 지구촌 곳곳에서 펼쳐질 때, 우리는 서로의 말을 이해하지 못할 수도 있다. 하지만 서로의 존재를 느끼고, 진심을 알아보는 마음만큼은 분명히 공유하게 된다.

'무지개 피는 날'이 전 세계로 확산될수록, 우리는 한 가지 진리를 다시 확인하게 된다. 언어는 수단일 뿐이며, 진짜 소통은 마음에서 비롯된다는 것. 마음이 연결될 때, 다름은 장벽이 아니라 색채가 된다. 언어가 달라도, 만남의 기쁨은 같다. 그 기쁨은 문화와 경계를 넘어 인류 전체를 잇는 보편적인 감정이다.

우리는 그날을 기다린다. 다양한 언어의 인사말과 노래, 시와 이야기가 '무지개 피는 날'을 노래하고, 그 언어의 바다를 넘어 하나의 진심이 흘러가는 날. "당신과 만나서 정말 기쁩니다."라는 그 말 한마디가 세계를 따뜻하게 물들이는 날이 오기를 바란다.

'무지개 피는 날'이 전 세계로 확산될수록, 우리는 한 가지 진리를 다시 확인하게 된다. 언어는 수단일 뿐이며, 진짜 소통은 마음에서 비롯된다는 것. 마음이 연결될 때, 다름은 장벽이 아니라 색채가 된다. 언어가 달라도, 만남의 기쁨은 같다. 그 기쁨은 문화와 경계를 넘어 인류 전체를 잇는 보편적인 감정이다.

분쟁의 땅에도 피어나는 무지개

지구 반대편에서는 아직도 서로를 향해 총을 겨누는 나라들이 있다. 한 도시의 밤하늘은 불꽃놀이가 아닌 포탄의 불빛으로 물들고, 아이들은 웃음보다 공포를 먼저 배운다. 믿음의 차이가 증오로 이어지고, 민족의 차이가 폭력으로 번진다. 그러나 그 모든 갈등의 땅에도 언젠가는 무지개가 피어나야 한다. 아니, 바로 그곳에야말로 무지개가 가장 먼저 필요하다. '무지개 피는 날'이 전 세계로 확산될 때, 우리는 가장 먼저 그날을 분쟁의 땅에 선물하고 싶다.

지금도 팔레스타인과 이스라엘, 우크라이나와 러시아, 시리아와 여러 인접 국가들 사이에는 긴장과 분쟁이 끊임없이 일어나고 있다. 서로를 향한 불신과 분노가 세대를 거쳐 이어지고, 국경을 맞대어 살던 이웃이 적이 되고, 작은 발언 하나가 총성이 되는 현실 속에서, '무지개 피는 날'은 어떤 역할을 할 수 있을까. 우리는 감히 말한다. 이날은 그 어떤 정치적 해결책보다 먼저, 마음의 벽을 허무는 힘이 있다고.

상상해 본다. 분쟁 지역의 청년들이 7월 7일, 전쟁이 일어나지 않은 중립지역에서 서로 마주 앉아 겨누었던 총을 내려놓는 장면을. 그들은 서로의 언어를 알지 못하고, 부모로부터 전해 들은 상처만으로 상대를 이해해 왔지만, 그날만큼은 편견을 내려놓고 서로의 눈동자를 통해 인간을 본다. 아직은 일어나지 않았지만, '무지개 피는 날'이 전 세계에 알려진다면, 그런 만남의 장이 반드시 생겨날 수 있을 것이다.

세계의 분쟁 지역에서 7월 7일 하루만큼은 무기 대신 색종이를 들고 아이들과 함께 무지개를 만드는 모습. 전쟁으로 폐허가 된 마을의 한 초등학교에서 종교가 다른 어린이들이 함께 손도장을 찍어 무지개 깃발을 만드는 장면. 이런 이미지들은 아직 현실에 존재하지 않는다. 그러나 전 세계가 함께 기념하는 '무지개 피는 날' 소식을 가까운 미래에 뉴스로 접하게 되기를 바란다.

무지개가 비가 온 뒤에만 뜨는 것은 아니다. 오랜 가뭄 끝에 내리는 한 줄기 단비 속에서도, 무너진 도시의 재건 현장 위에도, 깊은 상처를 안고 살아가는 사람들의 마음에도 무지개는 뜰 수 있다. 중요한 것은 하늘이 아니라 마음이다. '무지개 피는 날'은 마음속에 피어나는 첫 무지개다. 그날 하루, 서로를 향한 미움 대신 기도와 침묵, 환대와 이해를 선택할 수 있다면, 그 한 걸음이 역사의 방향을 바꿔놓을 수도 있다.

갈등이 해결되는 데는 오랜 시간이 걸린다. 하지만 갈등을 해결하려는 태도는 단 하루 만에도 바뀔 수 있다. '무지개 피는 날'은 그 태도의 전환을 촉진하는 작은 시작이다. 아무리 오래된 분쟁이라도, 그 중심에는 결국 사람이 있고, 사람이 있는 곳에는 희망도 있다. 이날은 바로 그 희망의 씨앗이다.

우리는 그날을 바란다. 가장 어두운 땅에도, 가장 치열한 전선 위에도 무지개가 피어나기를. 그 무지개는 상징이 아니다. 그것은 살아남은 사람들 사이에 맺어진 용서의 약속이며, 다시는 되풀이하지 않겠다는 미래에 대한 다짐이다. 분쟁의 땅에도 피어나는 무지개는 단지 아름다움이 아니라, 생존을 위한 연대다. '무지개 피는 날', 언젠가 그 연대의 물결이 총성이 아닌 박수로 울려 퍼지기를 우리는 꿈꾼다.

우리는 모두, 서로의 무지개다

무지개는 혼자 피어나지 않는다. 붉은색, 주황색, 노란색, 초록색, 파란색, 남색, 보라색, 서로 다른 일곱 가지 색이 만나야 비로소 무지개는 완성된다. 그중 하나라도 빠진다면 우리는 그것을 무지개라 부르지 않는다. 이처럼 사람 사이의 관계도 서로가 만나야 비로소 온전해지는 것임을 깨닫게 하는 상징이 바로 무지개이다.

'무지개 피는 날'이 전 세계로 퍼질수록 우리는 더욱 분명히 알게 될 것이다. '나'라는 존재도 누군가에게는 무지개가 될 수 있다는 사실이다. 사람은 누구나 누군가의 희망이 될 수 있다.

무심한 말 한마디가 누군가의 하루를 버티게 하고, 짧은 눈인사가 외로움을 덜어주는 위로가 되기도 한다. '무지개 피는 날'은 그 사실을 되새겨보는 날이다.

"나는 당신의 무지개가 될 수 있고, 당신은 나의 무지개였다."는 고백이 자연스러운 하루가 바로 그날이다. 이날이 세계적인 문화로 자리 잡게 되면, 사람들은 서로에게 의미 있는 존재가 되는 경험을 나누게 된다.

오늘은 내가 먼저 무지개가 되어주고, 내일은 누군가가 나를 밝혀주는 순환 속에서 우리는 더 깊은 연대를 쌓을 수 있다. '무지개 피는 날'은 그 순환의 힘을 확인하고 기억하게 만드는 날이다. 혼자 아플 때 곁에 앉아주는 친구, 말없이 커피 한 잔을 내어주는 이웃, 낯선 이에게 길을 알려주는 작은 친절 등, 이 모든 것이 무지개가 피어나는 순간이다. 이런 일상의 조각들이 모여 인간의 온기를 전하는 방법이 얼마나 소중한지를 보여주는 증거이다.

사람은 서로 다르다. 생각, 신념, 문화, 배경이 모두 다르지만, 그 다름은 갈등의 이유가 아니라 조화의 조건이다. 서로의 차이를 인정하고 존중할 때, 우리는 더 많은 무지개를 피울 수 있는 사회를 만들어갈 수 있다. '무지개 피는 날'은 "너는 나와 달라서 더 아름답다."는 말이 자연스럽게 오가는 날이다. 이날은 단순한 기념일이 아니라 '관계의 날'이다. 관계는 거창한 명분이 아닌, 작고 사소한 이해에서 시작된다. 그 이해가 이어질 때, 우리는 세계 어디서든, 어떤 언어를 쓰든, 누구를 믿든 간에 서로에게 무지개가 될 수 있다. 그렇게 태어난 무지개는 쉽게 사라지지 않고, 더 많은 만남과 더 깊은 이해를 불러오는 빛이 된다.

무지개는 오늘 우리의 말 한마디, 손짓 하나, 눈빛 속에도 피어나는 가능성이다. 언젠가 세계 곳곳에서 7월 7일이 다가오면, 사람들은 이렇게 인사하게 될 것이다. "오늘, 너는 내 무지개였어. 고맙다!" 이 인사는 단순한 말이 아니라 마음에서 마음으로 건너가는 다리이며, 세상의 경계를 넘어서는 가장 순수한 평화의 언어이다. 그것이 바로 '무지개 피는 날'이 지향하는 마지막 메시지이며, 우리가 함께 만들어갈 새로운 문화의 시작이다.

인류가 함께 기억하는 날로

앞에서도 얘기했듯이, '무지개 피는 날'이 언젠가 인류가 함께 기억하는 날이 되기를 바란다. 그날이 오면, 세계 각국의 사람들이 달력을 넘기며 7월 7일을 기다릴 것이다. 학교에서는 아이들이 무지개를 그리며 고마운 사람에게 편지를 쓰고, 방송에서는 세계 각국의 감동적인 만남이 전해질 것이다. 그리고 각 도시 광장에서, 국적도 언어도 종교도 다른 이들이 한자리에 모여 "우리는 다르지만 함께할 수 있다."는 메시지를 나누게 될 것이다.

사실, 세계에는 이미 비슷한 의미의 시도들이 있었다. 2023년 노르웨이 오슬로에서는 다문화 시민단체가 '화해와 만남의 날'이라는 이름으로 소수자, 전쟁 난민, 종교인, 청년들이 함께 참여하는 행사를 열었다. 거리에서는 포옹 퍼레이드와 자유 발언이 이어졌고, 광장에는 '서로의 차이가 우리의 자산입니다'라는 문구가 걸렸다. 이 행사는 언론에 소개되었고, 많은 시민이 함께하며 깊은 울림을 남겼다.

이와 같은 흐름은 전 세계에 이미 잔잔히 퍼지고 있다. '무지개 피는 날'은 이러한 국제적 흐름과 감성을 같이하는 하나의 상징이자, 일상적 참여의 자리로 이끄는 세계적 캠페인으로 확대될 수 있다. 한국에서 출발했지만, 그것이 담고 있는 의미와 만남, 화해, 공감, 연대는 어느 사회에서도 유효한 인류 보편적 가치이다.

상상해 본다. 사막의 어느 국가는 모래바람 속에서도 사람들과 서로 손을 잡으며 그날을 기념하고, 북유럽의 조용한 도시에서는 호숫가를 따라 촛불을 들고 걷는 시민들의 행렬이 이어진다. 인도의 한 마을에서는 아이들이 서로의 볼에 색을 칠해주며 웃고, 뉴욕에서는 다양한 신앙인들이 한자리에 모여 침묵으로 기도하는 장면이 펼쳐진다. 그 모든 장면이 '무지개 피는 날'이라는 이름 아래, 하나의 마음으로 연결된다. 또 언젠가 유네스코가 이날을 '세계 평화교육의 날'로 지정하고, UN이 'Global Rainbow Day'라는 이름으로 공식 채택할 수도 있다. 물론 아직은 상상이지만, 우리는 이미 그 가능성을 향해 걷고 있다. '무지개 피는 날'은 한 나라의 문화나 종교에 국한된 행사가 아니라, 모든 인간이 공유할 수 있는 감정과 염원을 품고 있기 때문이다.

무지개는 비가 지난 뒤에 아름답게 빛난다. 그래서 '무지개 피는 날'은 전쟁과 고통, 차별과 상처를 지나온 세계 인류가 화해와 회복의 빛을 찾아가는 여정을 상징한다. "나는 당신을 이해하려고 노력합니다."라는 말 한마디가 울려 퍼지는 날, 그 진심은 전 세계를 하나로 묶는 다리가 된다.

해마다 이날을 기념하는 나라가 늘어나고, 각국의 아이들이 '무지개의 의미'를 배우며 자란다면, 언젠가는 정말 세계가 하나의 무지개 아래 설 수 있다. 그리고 그날, 우리는 이렇게 고백할 수 있다. "이날을 기억했기에, 우리는 다시 하나가 될 수 있었다."

'무지개 피는 날'은 단순한 기념일이 아니다. 인류가 함께 기억해야 할 서로를 이해하고 연결하는 약속의 날이다.

우리는 지금, 그 길의 시작점에 함께 서 있다.

맺는 글

다시 만날 수 있다는 희망은, 삶을 살아가는 이유가 됩니다. 이 책을 덮는 지금, 혹시 당신도 누군가를 떠올리고 있지 않으신가요? 그 사람은 사랑이었을 수도 있고, 가족이었을 수도 있으며, 당신이 오래전 마음에 품고도 말 한마디 전하지 못한 사람이었을 수도 있습니다.

우리는 모두 누군가를 그리워하며 살아갑니다. 그리움은 과거가 아닌 '지금 여기에 살아 있는 마음'입니다. 그 마음은 언젠가 다시 만날 날이 있다는 희망으로 살아가게 합니다.

'무지개 피는 날'은 단 하루일 수 있습니다. 그러나 그 하루가 우리 마음속에 남겨준 온기는 오래도록 사라지지 않습니다. 단절을 넘어서고, 오해를 풀고, 다시 손을 잡는 이들의 용기를 우리는 잊지 않을 것입니다.

언젠가 먼 훗날, 이 책에 등장한 그 수많은 만남과 이야기들이 누군가의 인생을 바꾸었노라고, 서로의 마음을 이었노라고, 그렇게 기록되기를 바랍니다.

지금 이 순간, 세상 어딘가에서는 누군가가 조용히 무지개를 떠올리며 다시 걸어갈 용기를 내고 있을지도 모릅니다. 그리고 그 사람이 바로 당신일 수 있습니다.

누군가에게 무지개가 되어주는 삶. 그것이 우리가 살아가는 가장 아름다운 이유일 것입니다.

'무지개 피는 날'은 잊힌 인연을 다시 부르고,
멀어진 마음을 다시 엮으며, 가족과 친구, 이웃과
국민, 나아가 전 세계인과 함께 손잡는 날입니다.

부록

제1회 '무지개 피는 날' 제정 선포식

사람과 사람 사이,
무지개가 놓인 그날

서문

사람과 사람 사이, 무지개가 놓인 그날

그날, 우리는 단순한 행사를 넘어 마음과 마음을 다시 잇겠다는 하나의 약속을 세웠습니다. 끊어진 인연, 멀어진 가족, 잊힌 사랑, 말없이 멀어져간 친구들…. 그 이름들을 다시 부를 수 있는 용기와 회복의 시간. '무지개 피는 날'은 바로 그런 날로 선포되었습니다.

이날은 잊기 위한 날이 아니라, 다시 떠올리고, 다시 다가가고, 결국은 다시 사랑하기 위한 날입니다.

선포식의 자리에서 누군가는 오랫동안 마음속에 담아두었던 사람을 떠올렸고, 누군가는 오해로 멀어진 관계를 되돌리고 싶은 마음에 눈물을 흘렸습니다. 그리고 또 누군가는 지금이라도 용기 내어 다가가겠다는 다짐을 했습니다. 그 모든 감정은 하나의 무지개가 되어 사람과 사람 사이를 잇는 '사랑의 다리'

로 떠올랐습니다.

'무지개 피는 날' 선포식은 단지 하루의 행사가 아니라, 사람과 사람 사이에 이해와 공감의 무지개를 놓는 출발점이었으며, 지금은 '국민운동'으로 확산되고 있는 따뜻한 물결입니다.

이 부록은 그날의 시작을 기억하고, 함께한 마음을 기록하고, 앞으로 전국 곳곳에서 피어날 수많은 무지개 피는 날들을 응원하기 위해 마련되었습니다.

함께해 주신 모든 분들의 이름과 마음, 눈빛과 다짐을 가슴에 새기며, 그날 놓인 무지개가 대한민국을 넘어 전 세계로 퍼져나가, 사랑과 평화의 상징으로 영원히 피어나기를 소망합니다.

우리가 시작한 그날, 세상은 조금 더 따뜻해졌습니다.

그리고 우리는 믿습니다. 서로를 다시 이해하려는 마음만 있다면, 언제든 무지개는 다시 피어난다는 것을.

'무지개 피는 날' 제정 의의

단절을 넘어, 다시 이어지는
사랑과 평화의 약속

세상에는 수많은 날들이 있지만, 사람과 사람, 마음과 마음을 다시 잇는 날은 많지 않습니다. 우리는 바로 그 소중한 의미를 위해 '무지개 피는 날'을 제정했습니다.

이날은 잊힌 인연을 다시 부르고, 멀어진 마음을 다시 엮으며, 가족과 친구, 이웃과 국민, 나아가 전 세계인과 함께 손잡는 날입니다.

1. 단절의 시대에 '회복'을 선언하다

현대 사회는 빠르게 변하고, 삶은 분주해졌습니다. 그 속에서 우리는 사랑하는 사람과도 점점 멀어지고, 진심조차 전달되지 않는 때가 많아졌습니다. '무지개 피는 날'은 끊긴 관계를 다시 회복하고, 사랑을 다시 시작할 수 있는 용기의 날입니다.

2. 사람 사이, 무지개를 놓는 날

무지개는 비와 햇살이 만나 피어나는 아름다움입니다. 우리의 삶도 상처와 따뜻함이 만나야 비로소 완전해집니다. 이날은 오해와 갈등, 편견과 단절을 넘어서는 '사랑의 무지개'가 사람과 사람 사이에 피어나는 날입니다.

3. 국민과 인류가 함께 만드는 '연대의 날'

'무지개 피는 날'은 특정 국가나 기관의 날이 아닌, 전 인류가 함께 만들어가는 세계인의 날입니다. 한국에서 시작된 이 따뜻한 회복의 약속은 이제 국경을 넘어 전 세계 각지에서 동시 참여하는 평화의 기념일로 퍼져나갑니다.

미국에서, 독일에서, 일본에서, 중국에서, 케냐에서… 언어와 문화는 달라도 '사랑하고 싶다'는 마음은 같기에, 무지개 피는 날은 모두가 연결되는 세계 평화의 문화 운동이 됩니다.

4. 치유와 공감, 예술로 피어나는 희망의 날

'무지개 피는 날'은 문화와 예술, 나눔과 만남으로 채워집니다. 시 낭송, 음악 공연, 영상 상영, 포옹 캠페인, 편지 쓰기 등 표현되지 못한 마음이 자연스럽게 피어나는 공간이 펼쳐집니다. 이날은 마음의 응급실이 되고, 삶의 온기를 되찾는 날이 됩니다.

5. 다음 세대에게 전하는 '공감의 유산'

'무지개 피는 날'은 지금을 사는 우리만의 날이 아닙니다. 자라나는 아이들에게 '관계의 소중함'과 '다시 사랑할 수 있는 용기'를 전해주는 인류의 유산이 될 것입니다.

6. 세계 평화를 여는 희망의 날

서로 다르다는 이유로 전쟁과 분쟁이 이어지는 이 시대에, 무지개 피는 날은 인류에게 묻습니다. "당신은 다시 사랑할 준비가 되어 있습니까?"

이 물음은 갈등을 멈추고, 대화를 열고, 평화를 이루는 전 세계 공감의 첫걸음이 됩니다. 전 세계인이 함께 모여, 서로의 손을 잡고, 눈을 마주하며, 하나의 지구 가족으로 다시 연결되는 날. '무지개 피는 날'이 바로 그날입니다.

마지막 메시지

우리는 믿습니다. 사랑은 잊히지 않고, 다시 피어난다는 것을.

무지개는 비가 온 후에만 뜨듯, 삶의 아픔을 통과한 자리에서 더 찬란히 빛납니다.

'무지개 피는 날'은 세계를 하나로 잇는 사랑과 평화의 다리입니다.

지금 이 순간, 우리는 그 첫걸음을 함께 내딛습니다.

2024년 7월 7일

'무지개 피는 날' 제정 발기인

한국새생명복지재단 이사장 송창익

행사 진행 프로그램

순서	시간	세부내용	출연자
식전행사	15:00~15:15	하모니카 연주	한스 하모니카 연주단
		부채춤 공연	박금희 무용가
제정 선포 식순	15:15~16:30	개회선언	사회자
		국민의례	사회자
		내빈소개	사회자
		기념일 제정 의의	이종관 이사
		개회사	송창익 이사장
		대회사	윤상현 국회의원
		인사말	양승조 공동대표
		축사	신하철회장(지속가능발전평화위원회)
		영상축사	국회의원
		축가	장동일 바리톤
		만남 메세지	채신아 우리원 회장
		화합 메세지	안모세 공동대표
		평화 메세지	한한국 새계평화작가
		희망 메세지	이승로 성북구청장
		구호 제창	서종환 공동대표
		기념일 제정 선포	내빈
		내빈 인터뷰	참석자
		노래 제창	다함께
폐회	16:30	기념사진 촬영 및 폐회	참석자

'무지개 피는 날' 대국민 메시지

한국새생명복지재단 이사장 송창익

존경하는 내빈 여러분, 그리고 전국에서 마음으로 함께하고 계신 국민 여러분, 오늘 우리는 한 편의 시처럼 아름답고, 한 편의 기도처럼 간절한 날을 맞이하였습니다. 이날은 누군가의 마음에 다시 꽃피는 무지개의 시작입니다.

'무지개 피는 날'은 단지 하루의 행사가 아닙니다. 이날은 오랫동안 마음속에 품고 살아온 사람, 미처 용서를 구하지 못했던 이름, 다시 부르고 싶은 가족과 친구에게 사랑과 이해의 손을 내미는 날입니다.

우리는 누구나 한 번쯤 '지금이라도 괜찮을까?', '너무 늦은 건 아닐까?' 망설인 기억이 있습니다. 그러나 그 모든 망설임 너머에는 다시 연결될 수 있는 용기가 있습니다.

오늘 이 자리는 바로 그 '한 걸음의 용기'를 응원하는 자리입니다. 헤어진 이들이 다시 마주하고, 멀어진 가족이 다시 웃고, 잊힌 인연이 다시 이어지는 날, 바로 그날이 '무지개 피는 날'입니다. 그리고 우리는 오늘, 그 무지개를 사람과 사람 사이에 놓기로 결정했습니다.

그 무지개는 마음을 잇는 다리이며, 갈등을 넘어서는 평화의 징표이며, 우리 사회가 서로에게 다시 다가설 수 있다는 희망의 상징입니다. 특히 오늘 우리는 대한민국이 직면한 가장 큰 위기 중 하나인 저출산과 고립의 사회 문제 앞에서, 가족의 회복, 공동체의 재결합이 얼마나 중요한지를 다시금 깨닫습니다. 가정이 회복되고, 사랑이 연결될 때, 미래가 열리고, 희망이 자라납니다.

'무지개 피는 날'은 이제 대한민국을 넘어 전 세계로 나아갈 것입니다. 전쟁과 분쟁, 갈등과 차별이 여전히 상처처럼 남아 있는 이 지구촌 곳곳에 사람을 향한 용기 있는 인사와 진심 어린 손길이 무지개처럼 퍼져갈 것입니다.

지구촌 평화의 시작, 그 첫걸음을 우리가 함께 내딛습니다. 사랑은 때때로 멀어지지만, 결코 사라지지 않습니다. 이제는 말합시다. "괜찮아, 우리 다시 시작하자." 이 시간, 이 자리에서 우리 모두의 마음에 무지개가 피어나기를 소망하며 이 뜻깊은 선포식을 시작하겠습니다.

무지개 피는 날, 지금 여기에서 시작합니다. 감사합니다.

전) 충청남도지사 **양승조**

사랑하는 국민 여러분, 저는 오늘 이 뜻깊은 '무지개 피는 날' 선포식에서 대한민국의 미래를 함께 고민하고자 이 자리에 섰습니다.

지금 우리는 인구절벽이라는 거대한 위기 앞에 서 있습니다. 저출산, 고령화, 그리고 1인 가구의 급증, 이 세 가지 문제는 단순한 숫자의 변화가 아니라, 공동체의 붕괴를 뜻합니다. 아이 울음소리가 사라지고, 식탁은 비워지고, 가족이라는 울타리는 점점 더 느슨해지고 있습니다. 그러나 저는 믿습니다. 해결의 열쇠는 '사람과 사람을 다시 잇는 마음'에 있습니다. 우리는 사랑을 회복해야 합니다. 가족이 다시 만나야 합니다. 세대가 공감하고, 지역이 협력하고, 이웃이 다시 손을 잡아야 합니다.

그 출발점이 바로 '무지개 피는 날'입니다. 이날은 단지 추억을 되새기는 날이 아니라, 단절된 관계를 회복하고, 사라진 공동체 정신을 다시 불러내는 날입니다. 서로를 이해하고, 다시 사랑하며, 함께 미래를 꿈꾸자는 날입니다. 무지개가 하늘에 떠오르듯, 우리 마음에도 '함께 살아가는 대한민국'의 희망이 다시 떠오르기를 간절히 바랍니다.

저출산 문제는 정책만으로 해결되지 않습니다. 그것은 사람이 다시 사람을 품는 사회, 혼자가 아닌 함께 살아간다는 믿음을 주는 사회에서 비로소 해결의 길이 보입니다. '무지개 피는 날'은 그런 세상으로 나아가는 아름다운 선언입니다. 오늘 우리가 함께 울린 이 선언이 대한민국의 위기를 기회의 역사로 바꾸는 출발점이 되기를 소망합니다. 감사합니다.

서울시 성북구청장 이승로

존경하는 대한민국 국민 여러분, 오늘 7월 7일 무지개 피는 날에 함께 모인 여러분께 진심으로 감사드립니다. 저는 이 자리를 빌려 희망에 대한 메시지를 전하고자 합니다.

희망은 우리 모두에게 밝은 미래를 약속하는 빛입니다. 현재 우리는 여러 도전과 어려움에 직면해 있지만, 이러한 시련을 극복하고 더 나은 내일을 만들어 나갈 수 있는 힘이 바로 희망에서 나옵니다.

우리나라는 놀라운 회복력과 단결력을 가지고 있습니다. 지난 수십 년 동안 수많은 역경을 이겨내고 발전해 온 우리 국민들은 앞으로도 희망을 가지고 더 나은 세상을 만들어 갈 것입니다.

지방자치단체의 역할은 여러분의 일상 속에서 희망을 실현하는 데 있습니다. 우리 각자가 속한 지역사회에서 시작하여, 전 국민이 함께 힘을 모아 희망찬 미래를 만들어 나갑시다.

오늘, 이 무지개 피는 날이 여러분 모두에게 새로운 희망의 시작이 되기를 바랍니다. 우리는 함께라면 어떤 어려움도 극복할 수 있습니다. 서로를 응원하고 지지하며, 함께 나아가는 우리의 노력이 곧 희망의 씨앗이 되어 미래의 큰 나무로 자라날 것입니다. 대한민국의 모든 국민 여러분, 희망을 가지고 미래를 향해 나아갑시다. 우리의 작은 노력이 모여 큰 변화를 만들고, 더 나은 세상을 만드는 길을 함께 걸어갑시다. 감사합니다.

대한민국 3.1회 회장 **안모세**

사랑하고 존경하는 국민 여러분, 오늘 7월 7일 '무지개 피는 날'에 모인 우리 모두에게 감사의 말씀을 전합니다. 이날은 우리가 서로 다른 배경과 생각을 넘어 하나로 어우러지는 화합의 날입니다. 저는 화합에 대한 메시지를 여러분께 전하고자 합니다.

우리나라는 오랜 세월 동안 분단의 아픔을 겪어왔습니다. 남과 북의 갈등은 아직도 우리의 마음을 무겁게 하고 있습니다. 하지만 우리는 서로를 이해하고, 신뢰하며, 평화롭게 공존할 수 있는 날을 꿈꾸고 있습니다.

현재 우리 사회는 정치적, 종교적 갈등으로 인해 어려움을 겪고 있습니다. 여당과 야당 간의 정치적 갈등, 그리고 다양한 이해 집단이 자신의 이익을 위해 상대를 공격하는 모습은 우리 모두를 힘들게 하고 있습니다. 또한, 종교적 갈등은 우리 사회의 화합을 저해하고 있습니다.

화합은 서로의 다름을 인정하고 존중하는 것에서 시작됩니다. 우리는 각기 다른 생각과 신념을 가지고 있지만, 그 다양성이 바로 우리의 강점이 될 수 있습니다. 서로의 이야기에 귀 기울이고, 공감하며, 협력할 때 우리는 진정한 화합을 이룰 수 있습니다.

오늘 이 자리를 통해 우리는 남과 북이 하나 되어 평화롭게 살아가는 그 날을 꿈꾸며, 한마음으로 화합을 기원하고자 합니다. 여러분 한 사람 한 사람이 화합의 주인공이 되어 주십시오. 우리의 작은 행동 하나하나가 모여 큰 변화를 만들 수 있습니다.

화합은 우리 모두의 책임이며, 그 시작은 바로 오늘입니다. 여러분이 화합의 주인공이 되어 서로를 이해하고 존중하며 함께 나아가는 힘이 되어 주십시오. 정치적, 종교적 갈등을 넘어 우리가 하나가 될 때, 우리는 더 강한 사회를 만들 수 있습니다. 함께라면 우리는 어떤 어려움도 극복할 수 있습니다. 감사합니다.

우리원 대표 **채신아**

존경하는 국민 여러분, 오늘 7월 7일 무지개 피는 날에 모인 여러분께 진심으로 감사드립니다. 저는 오늘 만남의 중요성에 대한 메시지를 전하고자 합니다.

저는 북한에서 남한으로 넘어와 새로운 삶을 시작한 북한이탈주민입니다. 처음 남한에 도착했을 때, 모든 것이 낯설고 두려웠습니다. 그러나 그때마다 저를 따뜻하게 맞아준 사람들과의 만남이 큰 힘이 되었습니다. 이 만남들은 저에게 새로운 희망과 용기를 주었고, 새로운 삶의 출발점이 되었습니다.

만남은 단순히 물리적인 만남을 넘어서, 서로의 마음을 이어주는 중요한 역할을 합니다. 우리는 서로 다른 배경과 경험을 가지고 있지만, 이러한 만남을 통해 서로를 이해하고, 공감하며, 함께 성장할 수 있습니다. 북한이탈주민들이 남한에서 새로운 사람들과 만나면서 겪는 경험은 단순히 적응을 넘어서, 서로에게 배우고 함께 나아가는 과정입니다.

특히 오늘 7월 7일은 사랑하는 사람들과의 만남을 강조하는 날입니다. 매년 7월 7일이 되면, 멀리 떨어져 있는 사랑하는 사람들이 이 날만큼은 서로 만나기로 약속하고, 사랑을 나누는 날이 되었으면 합니다. 서로의 소중함을 다시금 느끼고, 함께하는 기쁨을 나누는 날로 만들고자 합니다. 저는 북한이탈주민으로서 남한에서 많은 새로운 사람들을 만났고, 이 만남을 통해 서로 다른 배경을 가진 사람들이 하나가 되어 함께 살아갈 수 있음을 깨달았습니다.

서로를 이해하고 존중하며, 공감하는 과정에서 우리는 진정한 만남의 의미를 찾을 수 있습니다. 그리고 사랑하는 사람들과의 만남은 우리에게 더욱 큰 힘과 용기를 줍니다.

오늘 이 자리에서, 저는 여러분께 만남의 중요성을 다시 한번 강조하고 싶습니다.

서로 다른 배경과 생각을 가진 사람들이 만날 때, 우리는 더 큰 이해와 사랑을 나눌 수 있습니다. 이러한 만남이 모여 화합과 평화, 희망으로 이어질 수 있습니다.

여러분, 만남을 통해 서로를 이해하고 공감하며, 더 나은 미래를 함께 만들어 갑시다. 우리의 작은 만남이 모여 큰 변화를 일으킬 수 있습니다. 그리고 오늘 7월 7일, 사랑하는 사람들과의 소중한 만남을 기념하며, 사랑을 나누는 날이 되기를 바랍니다. 감사합니다.

세계평화작가 **한한국**

평화를 사랑하는 국민 여러분, 오늘 이 아름다운 무지개 피는 날에 함께 모인 우리 모두에게 진심으로 감사드립니다. 이 특별한 날, 저는 평화에 대한 메시지를 전하고자 합니다. 평화란 단순히 전쟁이 없는 상태를 의미하지 않습니다. 평화는 우리가 서로를 이해하고, 존중하며, 사랑으로 함께 살아가는 상태를 말합니다. 세계평화는 우리의 삶 속에서 작은 행동 하나하나로 시작됩니다.

지금 세계는 크고 작은 갈등 속에서 고통받고 있습니다. 우크라이나와 이스라엘의 전쟁은 우리에게 평화의 소중함을 다시금 일깨워주고 있습니다. 이러한 상황 속에서 우리는 무엇을 할 수 있을까요? 우리는 어떻게 평화를 이룰 수 있을까요?

평화는 바로 우리 마음속에서 시작됩니다. 다른 사람을 이해하고, 그들의 아픔에 공감하며, 함께 해결책을 찾으려는 노력이 필요합니다. 정치적, 종교적 갈등을 넘어서는 것은 쉽지 않지만, 우리가 서로를 존중하고 대화를 통해 해결해 나갈 수 있습니다.

오늘 이 자리에서 우리는 한마음으로 평화를 기원하고, 평화로운 세상을 만들기 위한 첫걸음을 내딛고자 합니다. 여러분 한 사람 한 사람이 평화의 주인공이 되어 주십시오. 우리의 작은 행동 하나하나가 모여 큰 변화를 만들 수 있습니다.

평화는 꿈이 아닙니다. 평화는 우리의 손 안에 있으며, 우리의 노력과 사랑으로 이루어질 수 있습니다. 오늘 이 순간부터 우리는 평화를 위한 여정을 함께 시작합시다. 서로를 존중하고, 이해하며, 사랑으로 가득한 세상을 만들어 나갑시다. 감사합니다.

[영상 메시지 전달]

더불어민주당 국회의원 강선우, 국민의 힘 국회의원 윤상현, 개혁신당 대표 국회의원 이준석, 가수 김다현

'무지개 피는 날' 선포식 이모저모

송창익 이사장 개회선언

한지희 교수와 한스 하모니카 연주단의 축하공연

기념일 제정 선포

한국무용 무용가 박금희 부채춤 공연

제정 선포식 결의문 낭독

단체 기념 사진

부록 사람과 사람 사이, 무지개가 놓인 그날

내빈석

다함께 국민의례

내빈 접수처 파란천사 홍성군지회 자원봉사자

제정 선포식에 함께한 파란천사 임원들

부록 사람과 사람 사이, 무지개가 놓인 그날

기념일 제정 결의

내빈 인사

내빈 소개

'무지개 피는 날' 제정에 함께해 주신 분들

순 번	지회 직위	성 명	현재 소속 및 직함
1	발기인	송창익	한국새생명복지재단 이사장
2	대회장	윤상현	국민의 힘 국회의원
3	공동대표	양승조	충청남도 전)도지사
4	공동대표	안모세	3.1회 회장
5	공동대표	서종환	평생교육원 원장
6	구청장	이승로	성북구청장
7	세계평화작가	한한국	세계평화사랑연맹 이사장
8	회장	신하철	지속가능발전평화위원회
9	총무원장	송법장	삼보조계종
10	총재	김병주	국제라이온스협회354-A지구
11	회장	김진숙	동방복지재단
12	위원장	제니스	하와이주정부 에너지분과위원장
13	이사장	이도겸	(사)중소기업경제진흥원
14	이사장	정영국	내외동포정보센터
15	위원장	허광일	북한민주화위원회
16	공동대표	양형모	IKIS통일포럼
17	의원	이관우	성북구의회
18	회장	정의석	㈜라이프원
19	총재	김민섭	세계청소년동아리연맹
20	회장	강찬석	(사)늘푸름
21	대표	조영관	도전한국인
22	부회장	박철우	(사)벤쿠버한인회
23	맨발의 사나이	조승환	환경운동가
24	이사장	이현준	(사)대한가발협회

25	이사장	정선희	(사)한국문화예술인협회	
26	회장	노영준	(사)한국문화예술인협회	
27	회장	이추자	백옥생코리아	
28	대표	최바울상기	무궁화조성사업운동본부	
29	목사	고광국	목자교회	
30	스님	우룡스님	숭례문	
31	회장	노순규	국가개혁포럼	
32	국장	김유성	국민행복진흥원	
33	교수	안성은	국민대학교	
34	여성회장	이화선	(사)한국장애인문화협회	
35	위원장	오미선	국민행복진흥원 종교분과	
36	대표	엄경숙	국제하나예술협회꽃들힐링시낭송원	
37	이사	홍석주	(사)중소기업경제진흥원	
38	사무총장	조병현	한국보석협회	
39	사무총장	박명웅	세계청소년동아리연맹	
40	부사장	김진호	폴리뉴스	
41	회장	정의석	㈜라이프원	
42	대표이사	손현식	한국외국인지원센터	
43	이사	송일호	(사)한국문화예술인협회	
44	원장	김서정	연신내상담센터	
45	사무국장	김태훈	한국기자연합회	
46	사무차장	김석일	지속가능발전평화위원회	
47	부교수	남주현	세명대학교	
48	원장	최은아	세계청소년동아리연맹	
49	사무총장	김승효	건국회	
50	위원장	이미라	국민행복진흥원 대외협력	
51	상임이사	김용호	글로벌또하나의가족재단	
52	교수	권혁한	MYCUC(미국)/의학박사	
53	원장	석성화	석성화한의원	
54	박사	안규석	전)경희대학교 한의과대학장	

55	박사	이기남	전)원광대학교 한의학대학장
56	대표이사	송동환	㈜알파프라임
57	사무총장	임대열	(사)한국문화예술인협회
58	위원장	김광수	전)새만금추진위원회
59	장로	소병두	디스바대성회추진본부
60	지점장	송광민	Good Rich
61	교수	지규섭	총신대학교 종교행정학과
62	전)의원	김경자	서울시의회
63	대표이사	김재훈	㈜엠에이치이엔씨
64	대표	장경근	서울복지신문
65	수석부위원장	채희관	동대문의회
66	대표이사	김용철	시사프라임
67	상임대표	국중길	한국다문화협의회
68	회장	노창복	(사)한국관광킹다승
69	고문	정판근	약선식품(주)
70	회장	권기덕	(사)서초포럼
71	회장	이진서	㈜굿모닝365
72	대외협력부장	백동준	HWPL
73	대표이사	최정묵	㈜하트피아
74	회장	정우혁	제이엠제이엔터테이먼트
75	대표	이주성	홍진식품
76	위원장	정진쾌	중랑구 민주뿌리위원회
77	대표	신민철	팜팜스주식회사
78	가수	원정숙	JM미디어
79	사무총장	이인형	평생대학원
80	대표	진원겸	지아이투자연구소
81	원장	한희주	새생명성명연구학회
82	사무총장	이인형	평생대학원
83	대표	손한나	국민희망저널
84	대표이사	양병연	선혜푸드(주)

85	회장	오현주	컬러인마인드교육협회
86	본부장	이지영	KBS스포츠예술과학원
87	이사장	구완서	은아월드미션
88	가수	진웨뉴	제이엠제이엔터테이먼트
89	국장	정우상	뉴우먼클럽
90	사무총장	김석윤	대한민국 3.1회
91	부회장	임상용	대한민국 3.1회
92	목사	김진한	은성교회
93	지회장	홍영선	서초포럼 캄보디아 지회
		한국새생명복지재단 임원	
96	이사	한지희	한국새생명복지재단
97	이사	이종관	한국새생명복지재단
98	이사	이윤복	한국새생명복지재단
99	이사	정남주	한국새생명복지재단
100	이사	이부중	한국새생명복지재단
101	이사	김의경	한국새생명복지재단
102	이사	윤만환	한국새생명복지재단
103	이사	원일	한국새생명복지재단
104		파란천사 임원	
105	회장	석주은	울산광역시 남구지회
106	회장	이영만	서울특별시 강남구지희
107	회장	최성룡	전국언론인연합회
108	회장	김용원	대중가요 공연연합회
109	사무총장	장대근	충남연합회
110	사무총장	채신아	북한이탈주민연합회
111	위원장	손상철	전국사회안전조직위원회
112	위원장	김미승	대체의학발전위원회
113	가수	연정	홍보대사
114	단장	고나은	대중가요 공연연합회
115	위원장	김호	문화예술MC 위원회

116	위원장	양해태		서울시 중구 조직위원회
117	위원장	서경동		아파트복지정책위원장
118	위원장	박찬순		서울시 성북구 노인복지위원회
119	위원장	김진학		여주시 문화예술도예위원회
120	위원장	조경희		전국 의료봉사조직위원회
121	위원장	김상훈		경북언론인위원회
122	위원장	정한관		포항시노인복지위원회
123	위원장	정철호		홍보위원회
124	위원장	이상만		양평군중소기업위원장
125	위원장	정종옥		울산시 울주군 조직위원회
126	부회장	석상길		울산시 남구지회
127	위원장	이복희		울산시 북구 3지역위원회
128	위원장	양소윤		울산시 남구지회 이사
129	위원장	박성복		울산시 북구 5지역위원회
131	위원장	박진향		일산동구중소기업위원회
132	위원장	채송화		포항시 조직위원회
133	위원장	변재덕		서울시 강서구 대외협력위원회
134	회장	신아현		홍성군 여성위원회
135	위원장	김기연		홍성군 청소년조직위원회
136	부회장	박수경		홍성군 여성위원회
137	총무	홍지은		홍성군 여성위원회
138	위원장	안윤자		홍성군 홍성읍 위원회
139	위원장	최종복		홍성군 주거환경개선위원회
140	위원장	이진영		홍성군 여성체육위원회
141	위원장	송호선		천안시 조직위원회
142	본부장	임수빈		전남 북한이탈주민위원회
143	위원장	김경숙		파란천사 가수위원회
144	위원장	윤광남		경북 경산시 북한이탈주민위원회
145	위원장	김명숙		충남 아산시 북한이탈주민위원회
146	위원장	유순영		충남 천안시 북한이탈주민위원회

147	위원장	김동철	메타플렛폼위원회	
148	위원장	이지훈	서초구2지역위원장	
149	위원장	안철현	서울시 서초구 4지역위원회	
156	북한이탈주민	손유진	우리원	
157	북한이탈주민	육성철	우리원	
158	북한이탈주민	김록순	우리원	
159	북한이탈주민	노태선	우리원	
160	북한이탈주민	이은희	우리원	
161	북한이탈주민	조일권	우리원	
162	북한이탈주민	조정숙	우리원	
162	북한이탈주민	조어금	우리원	
164	북한이탈주민	황정국	우리원	
165	북한이탈주민	김순희	우리원	
166	북한이탈주민	김춘일	우리원	
167	북한이탈주민	김경희	우리원	
168	북한이탈주민	고혜윤	우리원	
169	북한이탈주민	김수연	우리원	
170	북한이탈주민	전희정	우리원	
171	북한이탈주민	손해용	우리원	
172	북한이탈주민	이연옥	우리원	
173	북한이탈주민	박금주	우리원	
174	북한이탈주민	김세영	우리원	
175	북한이탈주민	최동수	우리원	
176	북한이탈주민	임영희	우리원	
177	북한이탈주민	김금숙	우리원	
178	북한이탈주민	승선희	우리원	
179	북한이탈주민	최지예	우리원	
180	북한이탈주민	김보경	우리원	
181	북한이탈주민	전혜숙	우리원	

부록을 마치며

"무지개는 계속 피어납니다"

무지개 피는 날 선포식은 단지 한 번의 행사, 잠시의 감동으로 끝나는 날이 아닙니다. 그것은 시작이었고, 약속이며, 이어짐의 선언입니다. 그날 우리가 함께 나누었던 마음, 전했던 말들, 눈물과 환한 미소는 이제 '운동'이 되었고, 한 사람 한 사람의 일상으로 스며들고 있습니다.

무지개는 비가 그친 후 하늘에 피어나듯, 우리도 상처와 고통을 지나 따뜻한 이해와 용서의 빛깔로 다시 만나야 합니다. 사랑하는 사람을, 멀어졌던 가족을, 잊고 지낸 친구를 떠올리며 마음을 열었던 이 날은, 이제 수많은 사람들의 삶에서 새로운 시작의 기점이 되고 있습니다.

이 부록은 그 모든 여정의 첫 장을 기록한 것입니다. 이름을 남기지 않았지만 함께 마음을 모은 분들, 무대에 오르지 않았지만 조용히 감동을 전해준 모두의 손길로 이 무지개는 완성되었습니다.

앞으로도 무지개 피는 날은 계속됩니다. 대한민국을 넘어 전 세계로, 단절의 시대를 건너는 희망의 다리로 확산될 것입니다. 그리고 언젠가, 누군가의 인생에서 가장 아름다운 순간으로 기억될 것입니다.

이 기록을 함께 읽어주신 여러분, 감사합니다.

이제, 당신의 삶에서도 무지개가 피어오르기를 진심으로 소망합니다.